이혼해도 괜찮아

졸혼해도 괜찮아

이혼해도 괜찮아
졸혼해도 괜찮아

초판 1쇄 인쇄 2020년 2월 3일
초판 1쇄 발행 2020년 2월 7일

지은이 강은송

발행인 백유미 조영석
발행처 (주)라온아시아
주소 서울특별시 서초구 효령로 34길 4, 프린스효령빌딩 5F

등록 2016년 7월 5일 제 2016-000141호
전화 070-7600-8230 **팩스** 070-4754-2473

값 14,500**원**
ISBN 979-11-90233-48-4 (03190)

※ 라온북은 (주)라온아시아의 퍼스널 브랜드입니다.

이대로 괴로울지,
버리고 행복할지 선택하라

이혼, 졸혼, 돌싱 무엇이든 OK!

이혼해도 괜찮아 졸혼해도 괜찮아

강은송 지음

RAON BOOK

당신은 현재 함께 사는 사람과 행복합니까?

진정 사는 것처럼 살고 있습니까?

만약 위의 질문에 '아니요'라고 대답한다면, 이 답답한 굴레에서 벗어날 수 있는 방법을 적극적으로 강구해보아야 합니다.

'행복'이란 생활 속에서 기쁘고 즐겁고 만족을 느끼는 상태를 말합니다. 이것은 마음에서부터 시작됩니다. 마음이 풍족함을 느끼며 살게 되면 '사람 사는 것이 이런 맛이구나!' 하는 생각이 듭니다. 결혼이란 것을 고려했을 때는 역시나, 나의 배우자와 함께 이런 삶을 꿈꾸게 됩니다. 사랑하는 이와의 행복한 삶으로 이어져야 할 결혼. 결혼을 시작했을 때 잘 살겠노라던 비장한 각오처럼 그것이 영원히 지속된다면 얼마나 좋을까요? 그때의 심정과 같이 나의 짝인 배우자가 이 세상에 무엇보다도 소중한 존재로 지속될 수 있다면 말입니다.

그러나 결혼 생활의 시간이 오래 흐르고 사실적으로는 그렇지 않은 상황이 더 많이 벌어집니다. 부부가 오랜 시간을 함께 살다 보니, 배우자란 아주 쉬운 존재로 인식되기 쉽습니다. 너무나도 서로에게 익숙해져버리게 됩니다. 나도 모르는 사이에 함부로 막 대하게 되고 곁에 있는 사람의 소중한 존재를 인식하지 못하고 존중하는 것을 등한시하게 됩니다. 그리하여 크고 작은 다툼이 하루가 멀다

하고 빈번해지게 됩니다.

부부는 각자를 개체로서 존중하고 인격체로 대우하려는 서로의 배려심이 밑바탕이 되어야 하겠습니다. 나에게 가장 가까운 사람을 진심으로 아껴주면서 말입니다. 그 사람은 바로 내 곁에서 일상을 함께하는 나의 배우자입니다. 그러한 배우자를 소중히 여기고 아껴주어야 나도 행복해질 수 있습니다.

'배우자'란 말을 영어로 하면, Spouse, Mate, Life Partner 등 여러 가지 단어 표현이 있습니다. 그중 'Mate'란 '동료'를 뜻하고, 'Life Partner'란 생을 함께하는 '짝', '협조자'를 뜻합니다. 인생의 길을 함께하는 배우자는 가까운 동료로서 팀워크도 잘 맞춰주는 좋은 협조자가 될 수 있다는 의미입니다.

제가 처음 이 책을 쓰려고 마음먹었을 때는 아름다운 사랑을 꿈꾸는 결혼에 관한 주제만으로 쓰고 싶었습니다. 그러나 결혼으로 시작되는 우리네 삶은 때로는 난관에 봉착하여 이혼이란 슬픈 현실로 종식될 수도 있다는 사실을 그냥 건너뛸 수는 없었습니다. 그래서 '이혼'이란 결정의 막바지에 이르기 전, 서로를 돌아보며 쉽터에 머무를 수 있는 '졸혼'이라는 대안책도 언급하게 되었습니다. 현재 이러한 곤란함에 처한 주변 지인들이 있다면, 이 책이 힘이 되는 선물로 읽혀질 수 있기를 바랍니다. 가까운 사람과도 이야기 나눌 수 없는 부부의 문제에서 발생되는 사나운 너울을 방어하는 방파제가 여기에 있습니다. 여러분들은 많은 것을 잃지도 않고, 그리 복잡하지도 않은 방법으로 각자의 행복을 위해 유연한 혼인 생활의 조정을 배우고 시도할 수 있으리라 생각합니다.

여러분들의 장성한 아들과 딸에게도 염려하는 마음으로 사랑을 담아 인생 선배로서 교훈을 대신해줄 수도 있습니다.

"얘야, 결혼하면 힘들 수도 있단다⋯⋯ 그렇지만 괜찮아. 네가 진실로 원한다면, 난 항상 너의 편이 되어줄 거야!"

이렇게 말할 수 있는 부모가 되기를 진정으로 바랍니다.

부모가 간과했던 일들, 실행했으면 좋았을 일들을 이제는 내 사랑하는 자녀들에게도 터놓고 들려주었으면 합니다. 직접 말하기 곤란하면, 이 책을 내밀면서 대화를 시작해도 좋겠습니다. 금쪽같이 귀한 내 자식이 결혼해서 살다가 '정말 이혼해도 괜찮을까, 또한 졸혼이라는 걸 시도해도 괜찮을까⋯⋯' 함께 토론의 장을 열어보면 어떨까 합니다.

엄마와 딸, 아버지와 아들은 공감대가 가장 근접한 가족 구성원이며 동성이므로, 서로 본인의 입장을 이해하기가 쉽습니다. 나이는 다르지만 결혼 생활에 대한 공통적인 기본 공감대를 가지고 있다고 하겠습니다. 그리하여 모녀와 부자 사이는 인생 선배, 후배로도 이름 지을 수 있겠습니다. 책을 통하여 모녀와 부자가 서로 소통할 수 있고, 연륜 많은 인생 선배인 나의 엄마와 아버지로부터, 그들의 자녀들은 미처 겪어보지 못한 경험적인 사실들을 미리 듣고 조언을 받을 수 있는 특장점이 많습니다. 온전히 나의 편이 되어줄 수 있는 인생 선배이자 부모가, 책과 함께 대화의 창을 열 수 있다면 참으로 든든하지 않겠습니까?

이 책에서 저는 결혼에서 파생되는 네 가지 주제를 다루었습니다. 결혼, 졸혼, 이혼, 갓백 싱글 라이프.

결혼을 준비 중일 때는 지혜로운 조언을, 결혼 생활에 지쳤을 때는 슬기로운 대안 방법을, 헤어짐을 준비 중일 때는 용기와 위로를, 혼자인 삶을 계획할 때는 격려와 응원을 주는 책이 될 것입니다.

이 책을 읽으려는 모든 독자들에게 당부하고 싶은 말이 있습니다. 연령과 성별, 살아온 시대적인 개념을 뛰어넘어 합리적인 열린 사고를 가져보라는 권고입니다. 그러한 응집되지 않은 선입관 없는 유연한 사고가 있어야만 본인 앞에 난관이 닥쳤을 때 시대에 부응하여 어려운 매듭도 신속하게 풀어갈 수 있는 융통성을 발휘할 수 있습니다.

더불어 저는 이 책이 그러한 상황에 처한 독자들에게 명쾌하게 행동 지침을 제시하고, 직접적으로 실행에 옮길 수 있는 도움을 주는 'Key 해결책'으로 읽혀지기를 바랍니다.

여러분 모두에게 행복한 앞날이 함께하기를 진심으로 바랍니다.

강은송

PART 1

결혼 생활도 초이스, 당신의 선택이 정답이다!

1장 이혼해도 될까?

2장 졸혼해도 될까?

PART 2

알고 실천하면 괜찮아지는 유익한 조언들!

1장 당당한 이혼 라이프

2장 성공적인 졸혼 라이프

PART 3

갓백 싱글 라이프

1장 다시 싱글로 남고도 '괜찮음 유지법'

2장 갓백 희망리스트 & 기억 리사이클링

3장 자아실현

PART 4

슬기로운 결혼 생활

1장 탄탄한 결혼 생활을 위한 안전판

2장 행복한 부부 관계를 위한 방파제

위험한 길이니 가지 마시오
빨간 신호등 On! 이혼 Feeling

인생을 살다 보면 신호의 느낌이 온다. 그간 별일 없이 잘 지내오던 결혼 생활에 위험신호가 감지되기도 한다. 위험신호가 오면 무시하면 안 된다. 그대로 직진하면 안 된다. 느낌이라는 건 사실과 결부되기 때문이다. 인생길에서 계속 주행을 할 수 없을 때는 멈추어 서야 한다. 위험한 길이라는 확신이 들면 더 이상 한 걸음도 가지 말아야 한다.

첫째, 결혼 생활의 빈번한 다툼과 폭력에서 이혼 필링이 온다

하루가 멀다 하고 다투는 부부가 있다. 일상이 불쾌하고 괴로워진다. 그렇게 한 달이 가고 1년이 된다. 당신의 인생길이 계속 이렇다면? 심사숙고할 일이다. 다툼도 어느 정도 '밀당'의 느낌이면 애교스럽고 귀엽다. 그러나 귀여운 느낌에서 악한 느낌으로 확대되기도 한다. 밀치거나 폭력적으로 향할 수도 있다.

둘째, 성적 불만족에서도 이혼 필링이 온다

부부의 성생활에서 적색등이 켜지기도 한다. '정상적인 성생활'이 안 되거나 '고통스러운 성생활'이 모두 이에 속한다. 성생활의 문제점은 아내와 남편이 대화로 지혜롭게 극복할 수 있다. 육체적인 문제점은 의료기관의 도움을 받으면 된다. 결혼을 한다는 것은 한 명의 배우자와 공식적인 성생활의 약속이 된 것이다. 그것을 지키지 못한다면 이유를 점검해야 한다. 만약 외도(다른 이성교제)로 인한 것이라면? 성적 유흥(잦은 유흥업소 출입)의 부작용이라면? 이것은 그만 멈추라는 빨간 신호등이 켜져 있는 것이다.

셋째, 가족과의 갈등으로 이혼 필링이 온다

결혼으로 파생된 가족들과의 분쟁이 심화된다면 빨간 신호등이다. 처가나 시가는 결혼으로 한 가족이 된다. 연결고리가 생겨나 평생 동안 관계되는 사람들이다. 시가나 처가 식구들로 인하여 삶이 괴로운가? 그렇다면 역시 인생길의 빨간 신호등이다.

넷째, 중독성 생활로 인해 이혼 필링이 온다

배우자의 취미 생활이 삶에 위협을 주는 정도라면 빨간 신호등이다. '갬블링'에 빠져 있는 경우, 수입이 생겨도 항상 불안하다. 일순간에 날려버릴 수 있다. '알코올중독'에 빠져 있어도 마찬가지로 불안한 가정생활이 된다. 제정신으로 생활이 가능할 수 없다. 술김에 행동이 이루어지므로 불상사도 쉽게 발생한다. 가정불화도 그것으로 생긴다. 중독에는 쇼핑도 포함된다. 온라인이나 오프라인이나 쇼핑만 하면 '사재기'를 하는 사람도 있다. 건강한 결혼 생활이 이루어지려면 경제적인 밸런스도 잡혀 있어야 한다. 수입은 일정한데 지출이 일정치 않다면 생활이 어려워진다. 중독성이 있는 습관적 생활, 이것을 고칠 수 없다면?

빨간 신호등이 켜지는 시점은 사람마다 차이가 있다. 갑자기 욱하는 감정 폭발로 찾아올 수도 있고 묵히고 묵힌 감정이 결정타를 가져올 때도 있다. 심각한 성격차, 폭력, 알코올중독, 갬블링 중독, 가족과의 심한 갈등, 성적 불만족, 심각한 소비 중독, 광신적인 종교 중독 등 빨간 신호등이 켜지는 상황에는 여러 종류가 있다. 이 밖에도 어떠한 사유로든 본인의 인생행로에 빨간 신호등이 켜질 수 있다.

빨간 신호등 앞에서는 멈추어 서는 것이 상식적이라는 공통된 생각이다. 그러나 얼핏 신호를 무시하고 건너갈 수도 있다. 때로는 위험을 무릅쓰고 직진할 수도 있다. 사고를 막든지 '사고 직감'을 무시하든지 결국 '직진'도 '멈춤'도 당신의 선택인 것이다. '빨간 신호등 ON'! 갈 것인가, 멈출 것인가? 선택은 당신의 몫이다.

안전한 신호로 바뀔 때까지 잠시 멈추시오
노란 신호등 On! 졸혼 Feeling

차량을 운전하다 보면 갑자기 노란 신호등이 켜질 때가 있다. 성질 급한 사람들은 잠시 잠깐을 기다리지 못하고 쌩하니 달려간다. 결혼 생활 중 노란 신호등이 켜진다면 졸혼 필링이다. '그냥 지나칠까, 멈추어 서서 기다릴 것인가?' 생각해볼 문제이다. 현명하다면 기다려야 한다. 잠시 쉬면서 주변의 것들도 바라보면 좋다. 당신이 처한 상황을 점검해보자. 이대로 좋을지…….

첫째, '나는 왜 이렇게 의미 없게 사는가?'라는 생각이 들 때

함께 살면서도 왜 함께 사는지 의미가 없을 때가 있다. 부부인데 무늬만 부부일 때가 그렇다. 둘이 결합하여 부부가 되었는데 같이 살아도 혼자 사는 이 기분은 무엇일까? 이런 고민이 생길 때 둘이어도 의미가 없다는 고민에 빠진다.

둘째, '나는 왜 모든 것을 자유의지로 할 수 없는가?'라는 생각이 들 때

사사건건 모든 것을 배우자로부터 허락을 구하는가? 자신의 의지로 할 수 있는 게 없다는 생각이 드는가? 당신은 어린아이가 아니다. '나'의 의지로 삶을 살아야 당연하다. 개체로서 존중받고 본인의 의지로 살아가는 것을 느껴야 한다.

셋째, '나는 현재 불행하다'라는 생각이 들 때

행복해지려고 결혼했다. 살다 보니 점점 행복은 온데간데없고 불행만 가득하다면? 생각해볼 문제이다. 배우자와 연결되는 가정생활의 불화, '나는 집에만 들어오면 불행해진다'라는 생각, 결혼 생활에서 오는 본인의 '자아실종' 그리고 성취 부재로 '이러려면 결혼은 왜 했을까? 나를 위한 삶은 없다'라는 생각이 들 때.

결혼 생활의 주행 길에 노란 신호등이 켜졌을 때 계속적으로 주행한다면 '대형 사고'를 직면하게 될 수도 있다. 결혼 생활의 만족감이 점점 사라지고 있는 것이다. 성격 차이로 인한 빈번한 다툼들, 심각한 간섭으로 인한 답답함, 타인과 생활하는 듯한 대화 차단, 서로에 대한 무시, 무관심 등이 생겨난다.

이럴 때는 서로 노력하며 컨트롤할 수 있는 '기다림의 미학'이 지혜로운 방법이다. 혜민 스님의 책 《멈추면, 비로소 보이는 것들》의 제목처럼 멈추어 서면 주변 상황이 눈에 들어온다. 아름다운 것들도 볼 수가 있다. 평상시엔 보이지 않는 것들도 멈추면 보인다. 멈추어 기다리다 보면 가족과 가정의 소중함이 더 깊게 마음에 와 닿는다. 안전한 녹색등이 켜지기를 관망하면서 기다리면 된다. 그리고 다시 결혼 생활로 주행하면 된다.

PART 1

결혼 생활도 초이스, 당신의 선택이 정답이다!

• 1장 •

이혼해도 될까?

미칠까?
밀칠까?

"꼴 보기 싫어서 미치겠어 정말…… 이러다 진짜 미치는 게 아닌가 싶어……."

한바탕 부부 싸움을 하고 나면 하는 말이다. 성질을 못 참고 화가 머리끝까지 부글부글 끓어오른다. 머리 위에 냄비 뚜껑이 있다면 뜨거운 김으로 들썩거릴 듯하다. 보기 싫을 정도로 미워하는 사람과 살고 있는 것이다. 항상 반복적으로 비슷한 상황이 일어나지만 뾰족한 해결책은 안 보인다. 속만 타들어 간다. 결국엔 물기 없는 나무처럼 말라 비틀어져 죽을 것 같다. 당사자는 답답하고 미칠 것 같은데 상황을 겪어보지 않은 타인들은 '그러려니 하고 살아야지!'라고 말하며 일관한다. 타인의 불행에는 왜 이리 관대한지 모르겠다!

부부로 살면서 이혼을 생각하기 시작하면서 겪는 답답한 상황.

숨은 쉬고 있지만 곧 질식할 것 같은 맴맴 돌기만 하는 결혼 생활이다. 마치 치열한 전쟁 전에 필수로 하는 훈련 과정 같다. '인내력 극기 훈련'을 하고 있는 것 같다. 현실에 적응해야만 한다는 생각으로 꾀를 쓸 수도 없게 된다. 인간의 한계를 테스트 당하는 '마루타'가 된 것 같다. '어찌 되나 두고 보자'라는 실험 대상. 처음에는 참을 만하다. 그러다가 더 빈번하게, 그러고는 쉴 새 없이. 더 이상 참는다는 것은 어렵게 된다. '미치고 펄쩍 뛴다'라는 상황. 결혼 생활에서 이혼을 떠올리게 하는 '미칠 것 같은 상황'은 이윽고 벌어진다. 이런 일들이 우리를 구석으로 몬다. 제정신으로 살기 어렵게 만든다. 온화함을 버리고 분노만이 승천한다.

'분노 승천'의 요인들

- 내 말과 행동은 모두 '개무시' 해버린다?
- 밥 먹듯이 자꾸 거짓말한다.
- 혼자 멋대로 행동한다.
- 까딱하면 힘자랑, 폭력을 쓴다.
- 틈만 나면 취미 삼아 술을 마신다.
- 목숨이라도 걸 듯 '갬블링'으로 돈을 날린다.
- 몰래 다른 이성과 신나게 만나고 다닌다. 가정경제에 영 도움이 안 된다. 돈을 흥청망청 쓰고 다닌다.
- 밖으로만 돌아다니고 가정엔 '나 몰라라' 신경을 전혀 쓰지 않는다.

그 밖에도 부부가 신경전으로 불이 지펴지는 이유는 많다. '이혼'이란 단어는 처음에는 생소하다가 생각할수록 친숙해진다. 언젠가는 꼭 해야 할 과제처럼 머릿속에 맴돈다. 몸과 마음은 이런 일들이 생길 때마다 피폐해져간다. 긁히고 부대끼며 마음의 갈등을 시작한다.

갈등을 만드는 단어들

속는다, 속고 또 속는 의도적 기억상실

처음에는 '설마 아니겠지……' 하고 속는다. 두 번째는 '사실인가, 아닌가' 확실치가 않아서 미심쩍어 속는다. 세 번째부터는 '분명히 속고 있다'는 생각이 들면서도 바보같이 속아준다. '속아주지 않으면 더 이상 함께 살지 못하니까' 하고 포기한 듯 속아준다. 마치 속았다는 기억을 착하게 지워준 것처럼 행동한다. '착한 바보'는 칭찬이라도 받는다. 그러나 '용기 없는 바보'는 칭찬받지 못한다. 용기가 없어서 감히 이혼할 생각은 가슴속에 꽁꽁 가둬두게 되므로 실행이 부족한 경우이다. 그러니 답답할 수밖에. 더 이상 속고, 또한 속아주지는 말아야 한다. 진실은 진실이다. 속아준다고 해서 있던 일이 없어지는 것은 아니다.

'한 번만', '이번에는'이라는 문장은 단수가 아니야

'한 번만 용서해줘', '한 번만 봐주라', '이번에는 실수야', '이번엔 뭔가 잘못된 거야', '한 번만 한 번만……'이 두 번, 세 번이 되고 '이번에는 제발'이란 말이 '다음에도 제발'이 된다. 습관처럼 언변으로 변명을 늘어놓는 사람은 밀어내야 한다. 차라리 말보다는 행동으로 개선됨을 보여주는 배우자가 믿음직할 것이다.

술래잡기 : '잘못'은 누가 했게?

잘못한 당사자가 자기가 '잘못'한 줄을 모른다. 무슨 '아무개 법'이 이런지. 큰소리를 치는 사람이 이기는 줄 안다. 잘못한 일은 저지른 당사자가 알아야만 한다. 알고 뉘우치고 사과해야 마땅하다. 끝까지 본인 잘못을 인정하지 못하고 남의 탓으로 돌리는 사람은 헤어질 때도 배우자만 탓을 한다. 무엇이 '잘'이고 '잘못'인지를 파악 못하는 사람이다. 살아가는 인생 중심을 찾지 못한다. 흔들리는 삶이다. 탄탄한 결혼 생활을 할 수 없다. 과연 함께 살아가는 의미라도 제대로 찾아낼 수 있을까 의심이 간다. '잘', '잘못'을 찾지 못해서 평생 술래잡기만 하다 그만둘 사람일 것 같다.

'과소평가'와 '과대평가' : 네가 제일 잘나가?

자신은 '과대평가'하면서 나머지 사람들에 대해서는 과소평가하는 사람이 있다. 물론 배우자도 '나머지 사람'에 속한다. '이 세상에서 저만 잘난 줄 안다니까……'가 맞는 말이다. 결혼하기 전에는 '네가 최고!'라고 달콤한 말을 속삭이던 사람이 전혀 다른 말을 한다. '네가 이 정도밖에 안 되는 사람인 줄 몰랐네', '나 같은 사람이 너 같은 사람과 그동안 어떻게 살았는지'라고 이제 와서 자신의 배우자를 몰아세운다. 본인만 귀하고 남들은 귀하지 않은 과대망상증인가.

본인만 잘났고 상대는 형편없다고 깔보는 사람과는 함께 있어야 소용없다. 기를 펴고 살 수 없다. 평생 인정받는다는 것을 기대할 수 없다. 발전이란 꿈꿀 수 없다. 성장하는 삶 대신 시간이 갈수록 쪼그라드는 삶이 된다.

잘못된 삶을 포기하거나 방관하지 말자

사람이 살면서 '사는 게 미칠 것 같다'란 말은 '의지박약' 때문이 아니다. 견디지 못해서 그런 말을 한다. 나를 위한 자연치유 체계가 무너지기 때문이다. 인간의 몸은 날 때부터 어느 정도의 자연치유 능력이 있다고 한다. 그래서 조그만 찰과상 정도는 시간이 지나면 자연적으로 상처가 아물고 딱지가 앉는다. 특별히 약을 바르지 않아도 며칠이 지나면 서서히 나아진다. 몸이든 마음이든 아플 때는 우선적으로 치료가 되어야만 한다. 그래야 다시 정상적인 활동을 할 수 있다. 피로에서 오는 이상 증세들도 푹 쉬고 나면 그때그때 치료가 된다. 휴식이라는 것이 몸에 자연적인 치유를 준다.

정신도 마찬가지다. 마음이 다치면 쉴 시간이 필요하다. 이러한 것도 시간이 지나면 상처가 조금씩 작아질 수 있다. 시간의 약으로 '망각의 치료'가 되기 때문이다. 만약 '망각'이 완료되기도 전에 '생채기'만 계속 난다면 삶의 아픔은 더욱 깊어지고 치료가 힘들어질 수 있다. 그래서 결혼 생활이 더 이상 안전하다고 느끼지 못한다.

결혼 생활 초기에는 부부 싸움이라는 걸 맛을 내는 양념같이 받아들인다. '가끔은 밀당을 하며 싸워야 제맛'이라고 말하기도 한다. '사랑싸움'이라면서. 그러나 이것이 어쩌다 한번 사랑싸움이 아니라 적 같은 느낌이 드는 아군과의 싸움이 되면 문제가 되기 시작한다. 계속 싸우다 보면 둘 중 하나는 없어져야 하는 치열함이 전해진다. 아군에서 진짜 적군으로 인지하게 된다. 결혼 생활 자체가 전쟁처럼 느껴진다. 매일매일 봐야 하는 사람이 적군이라면 쉽게 지친다. 회복되기도 전에 계속되는 스트레스에 시달리게 된다.

급기야 정상 범위를 벗어나게 된다. 원래의 곱던 성격도 공격적으로 변한다. '당신, 원래는 이러지 않았는데, 왜 이렇게 변했어?', '내가 사람을 잘 못 봤네', '이게 진짜 미쳤나보네……' 등 싸울 때는 자신의 눈과 판단을 의심하게 되겠지만. 잘 못 본 것이 아니라, 변한 것이다. 주어진 상황에 대처하도록 변한 것이다. 상황하에 적응하기 위해서 '공격 모드'로 몸과 정신의 상태가 변하는 것이다. 만약, 당신의 배우자와 하루 이틀이 멀다 하고 싸울 수밖에 없다면 남아 있던 힘이 모두 고갈되는 날이 멀지 않았다. 미쳐버릴지도 모를 일이다. 미쳐버리기 전에 밀쳐버려야 한다. 일어설 힘도 없이 고꾸라지기 전에 끝없는 전쟁의 종지부를 찍어야 한다. 언젠가는 에너지가 바닥까지 드러날 테니까.

부부 생활이 자신의 '자아'까지 지탱하기 힘들다면 함께 사는 것은 무리다. 인생 자체를 뿌리째 흔들어댄다면 혼인을 종료할 것. 이것을 신중하게 고려해보아야 한다. '한 번만 봐주자. 이번에는 안 그러겠지. 내 잘못일 거야……' 하면서 한 달이 가고 1년이 가고, 10년이 흐른다. 세월은 멈추지 않는다. 내가 소중하다면 하루하루가 귀하디귀하다.

행복의 길은 자신이 선택하고 그 길을 가꾸면서 걸어가야 한다. 꽃길이 정해져 있는 것은 아니다. 웅덩이는 메꾸고, 비뚤어진 길은 곧게 다듬으면 된다. 그리고 마음의 꽃은 심으면 된다. 마음의 꽃은 잘 살 수 있다는 희망의 꽃이다. 인생의 길을 가는 동안 각자에게 주어진 제한 시간이 있다. 정해진 시간에 최대한의 행복을 누려야 한다. '자아'가 성장할 수 있게 최선의 노력을 기울여야 한다. 잘못된 삶을 포기하거나 방관하지 말자. 힘들면 힘들다고 말하고, 잘못은 잘못됐다고 말하고, 미치기 전에 밀칠 줄 아는 용기가 필요하다. 나의 행복, 나의 평화로운 삶은 내가 지켜야 한다. 선택도, 결과도 본인의 삶의 과정이 되므로.

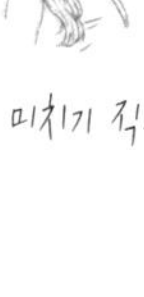

비졸리의 말!

미치기 직전 결혼을 밀쳐버리는 행위는 내가 살아나기 위한 '정당방위'다!

참을 수 없는 것들과 익숙한 타인

어릴 적 소꿉놀이하며 함께 자랐던 친구를 오랜만에 만났다. 안 보는 사이 그녀의 얼굴에도 중년의 주름이 하나 둘 늘어 있었다. 머리카락도 희끗거리며 그녀의 연륜을 더해주었다. 기억에서 아른거리는 가족의 안부를 묻자 그녀는 쌓였던 고민거리를 털어놓았다. '친구'라는 이름이 그간의 힘든 일들을 봇물 터지듯 흘러나오게 만들었다. 결혼 생활 20여 년 만에 찾아온 가장 큰 타격. 그것은 믿었던 남편의 배신이었다. 그녀는 처음에는 당당하게 별일 아니라며 말하더니 이윽고 막을 수 없는 울음을 터트렸다.

"왜 내겐 이런 일만 생기는 걸까? 착하게 살았는데……."

나는 등을 토닥여주었다.

"그래! 넌 잘 해왔어. 그리고 이렇게 된 건 네 잘못이 아니야!"

나쁜 결과는 본인 잘못으로 기인하지 않아도 생긴다. 자신이 아무런 관여도 안 했는데 벌어지는 불행이 많다. 살다 보면 지혜롭게 넘길 수도 있다. 융통성이 생긴다. 때로는 무슨 객기인지, 분노하지 않고도 너그러운 마음으로 대하기도 한다. 마음에서 펴 올리는 활동의 에너지를 어두운 곳과 맞서느라 소모하고 싶지 않아서일까? 분노를 내려놓고 평화로우면 삶이 더 쉬워진다. 그러나 정말로 마음 깊숙한 곳에서 삭혀도 솟아오르는 참을 수 없는 것들이 있다.

참을 수 없는 것들

배반

사랑의 배반. 굳게 믿었던 '내 편', '내 사랑'으로부터 오는 배반. 부부 사이 흔히 이혼 사유가 되는 가장 큰 이유가 이것일 것이다. '영원히 사랑하리라'는 그 말을 믿는 게 바보인가? 결혼하면서 믿는 성혼 서약은 언제든 깨질 것이 전제 조건이었던 듯하다. '사랑은 움직이는 것'이라 받아들이라 한다. 그러나 막상 당해보는 당사자는 분노가 하늘 끝까지 치밀어 오른다. 참을 수 없다.

인격 모독

서로를 애지중지 꿀단지처럼 위하던 남녀가 결혼한다. 그리고 아내가 되고 남편이 되어 살다 보면 어느 사이엔가 '누구의 남편 노릇', '누구의 아내 노릇'만 남아 있다. 개인으로서의 인간 존중이라는 건 사라진다. 사실을 말하면 '시간이 지날수록 희미해진다'가 맞다.

어떤 이들은 '너무나 가깝고 편한 사람이라 그런다'고 변명하기도 한다. 인간관계가 가까울수록 소중한 사람일수록 인격적 대우를 해줘야 한다. 이것이 친밀을 유지하는 비례 공식이다. VIP는 따뜻한 마음으로 존중받아야 마땅하다. 소중한 이들을 쉽다는 이유로 함부로 대하는 일은 없었으면 한다.

무시

예전의 '화려한 싱글'은 결혼 후 세월이 지나면서 화려함은 사라진다. '나'라는 자체가 무시되고, '자아실현'의 빛은 더 이상 찾아볼 수 없다. '혼인 생활 중'의 느낌은 도로변 여기저기 땜질을 해야 하는 '도로공사 중' 푯말 같다. 직진으로 잘나가던 길은 결혼 생활의 크고 작은 충격으로 인해 여기저기 공사를 해야 할 일도 생긴다. 어떨 때는 존재감은 무시당하고 역할만 남아 있는 경우도 있다. 나를 잘 안다는 가족이 나를 없는 취급한다면? 배우자는 더더욱 이래선 안 된다고 생각한다. 가끔씩 생각 없는 말로 습관적인 권위 부림을 일삼기도 한다. '유부녀가 뭘 한다고 그래! 집안 신경 써야지', '애들 교육이나 신경 쓰지 그래' 또는 '돈이나 벌어다 주세요', '아저씨, 배나 좀 집어넣으시고요……'. 도대체 기혼자로 사는 것, 변한 외모나 나이 먹은 게 무슨 죄라고. 제발 무시 없이 살았으면.

간섭

인간은 각자 자유롭게 생각하고 행동할 의지를 가진다. 결혼하면 '나'는 누군가에 의해 제지당하는 것을 '결혼이라는 것이 이런가 보다'라고 고스란히 받아들인다. '내 편'이라는 감사함 때문에 그렇게 감사히 여긴다. '여보, 그건 하면 안 될 것 같은데, 하지 마 제발', '무슨 회식을 날마다 하는 거야, 그런 데 가지 말고 빨리 집에 들어와요', '옷은 그게 뭐야? 전혀 안 어울리는 콘셉트네'. 애정인양, 간섭이 되어 있다. 본인의 취향, 본인의 의지대로 살게 해주면 좋을 텐데 이게 잘 안 된다. '나'인 채로 어울려 살 수 있게 이해 수렴되면 좋겠다. 본인 각자가 잘 알아서 할 수 있는 성인이다. 애정 어린 대화는 Ok, 그러나 삶을 억압하는 간섭은 Stop! 제발 자유로운 '선택하는 인간'으로 살게 해주기를.

내가 나를 지킬 수밖에

이혼을 원하는 부부들의 일상생활에 차곡차곡 쌓여서 독이 되는 것들. 이것을 대화로 풀지 못하면 결국은 참지 못하게 된다. 처음에는 우유 같은 부드러움이 도포되어 있어서 드러나지 않는다. 시간이 지날수록 부드러운 코팅이 벗겨지면 거친 면이 드러난다. '처음엔 이러지 않았는데, 이 사람은 나를 이런 정도로밖에 평가하지 않는구나', '나를 바보로 아는구나', '나는 필요가 없는 존재였나?', '내가 없으면 얼씨구나 좋아할 사람이었네'. 마음속에서 혹시나 도사리고 있던 생각들이다. 서서히 무의식이 의식으로 자리 잡기 시작한다. 그러면서 서로가 멀어지기 시작한다. '둘이 하나'라고 생각했던 신뢰를 깬다.

조금씩 야금야금 괴롭히는 것들을 묵인하면 안 된다. 이것도 습관이다. '나'를 망가뜨리는 습관. 참을 수 없는 것들은 담지 말고 바로바로 버리자. 참지 말자. 마음의 쓰레기가 쌓이면 썩기 마련이다. 잘 참고 져주는 사람은 '착한 사람'이 아니라 속도 없이 내주는 '바보'이다. '내가 살아 있음을 알리는 내면의 소리'를 외쳐야 한다. 큰 소리라도 지르고 싶으면 그렇게라도 고래고래 외쳐보자.

'이혼'의 결심은 마음속 괴리감로부터 시작된다. 그리고 다음으로 연이어서 마음을 담은 행동으로 그리고 '헤어지고 싶다'는 결론으로 치닫는다. 참을 수 없는 것들은 '소중한 나'라는 존재를 보호하기 위해 시작된다. 나를 가장 잘 이해하고 잘 알아줄 거라고 믿었던 상대에 대한 불신이 쌓이므로. 상대를 더 이상 신뢰하지 않으니 '나'를 내가 지킬 수밖에. 나를 사랑하지 않는 배우자는 더 이상 내가 사랑하던 그 사람이 아니다. 처음의 그 사람으로 기대하면 안 된다.

서정윤 시인의 시집 중 《홀로서기》가 있다. 처음에 나는 '홀로서기'란 말이 굉장히 생소했다. 반감이 생겼다. '사람들을 홀로 서게(헤어지게) 하려는 작정이네'라고 생각하기도 했다. 그런 부정 느낌이던 단어가 시대가 변하면서 이제는 더 가깝고 친근한 긍정의 말이 되었다. 시대에 발맞추어 흘러가는 멋쟁이 단어가 되었다. 인간은 원래 혼자로 태어나므로 혼자 살아낼 각오가 되어 있어야 당연하다. 그래야 쉽게 실망하지 않고 꿋꿋하게 살 힘을 얻는다. 사는 동안 인연을 만나 어울려 사는 것도 영원할 수는 없다.

그래서인가…… 종종 이성 간의 인연은 아픔을 주고 떠나는 것에도 익숙해진다. 작게, 때로는 한참을 멍 때릴 정도로 크게. 아주 나쁘게는 '나'의 본래 모습을 망가뜨리고 가는 인연도 있다. 다시 일어설 힘도 빼앗고 가는 이도 있다. 서정윤 님은 '홀로서기'에서 이미 이것을 말하고 있었다. 인간의 홀로서기는 안전장치가 필요하다. 내 마음을 내줄 때와, 빗장을 걸고 내주지 않을 때가 있어야 한다.

나를 지켜야 한다. 누군가가 나를 차지하려 해도 그 허전한 아픔을 또다시 느끼지 않기 위해 마음의 창을 꼭꼭 닫아야 한다.

부부라는 틀을 쉽게 깨려는 사람은 없다. 저마다의 피할 수 없는 스토리가 있는 것뿐이다. 많은 이들이 결혼 생활의 성인동화를 해피엔딩으로 끝내고 싶어 한다. 그래서 때로는 떠나보내야 마땅한 사람도 가까스로 묶어두고, 그 굴레에서 빠져나오지 못하고 괴로워한다. 틀렸다는 것을 알면서도 데면데면 인생을 낭비한다. 인연이라고 해서 어떻게든 붙잡으려는 생각은 접자. 나의 배우자가 언제부터인가 변해서 내가 생각했던 사람이 아닐 수도 있다. 그 사람이 인생을 살면서 익숙하지만 타인이 되었다면, 이제는 '익숙한 타인'을 보내야 한다.

떠나는 사람은 잡을 수 없고 떠날 사람을 잡는 것만큼 자신이 초라할 수 없다. 떠날 사람은 보내어야 한다. 하늘이 무너지는 아픔일지라도.

현재만이 삶이 아니다. 과거도 있었듯이 우리에겐 희망의 미래도 있다. 현재 자신이 없다고 괴로운 현실을 참고 있지는 말자. 과감히 버리고 놓을 줄도 알아야 한다. 시간이 지나도 나아지지 않을 결혼 생활이라면 미련 없이 떠나보내야 한다. 참지 않아도 될 일은 절대 참을 필요가 없다. 살아 있고 싶다고 아우성치는 나의 목소리도 큰 소리로 커밍아웃해야 한다. 내 사람이 아닐 사람, 나를 아프게 하는 사람은 잊어야 한다. 빨리 떠나보내야 빨리 잊을 수 있다. 마음이 비워져야 다시 담을 수 있다. 그것이 사랑이든 행복이든 다시 시작할 수 있다. 재도전은 살아 있음의 열정이다. 이대로 괴로울지, 버리고 행복할지는 당신의 또 다른 중요 선택이다.

비졸리의 말!

'익숙한 타인'에게서 '커밍아웃'하는 것은 다시 '커밍'하는 사랑과 행복을 준비하는 용기다.

Go 또는 Stop

"이대로는 하루도 더 못 살 것 같아요! 그런데, 가족을 생각하면 참고 살아야겠고……."

뷰티업계에 종사하면서 생활을 꾸려가던 마을 동생 P 씨가 했던 얘기다. 남편은 5년 넘게 백수로 술만 마셔댔다. 아내는 미용실 운영으로 가족의 생계를 도맡았다. '나' 하나만 위한다면 당장 이혼하고 싶을 것이다. 그러나 부수적인 일들을 생각하면 결코 쉽지가 않다. 이혼으로 밀고 진행하기엔 걸림돌이 많다. 그래서 그녀는 견디고 견디며 1년여 더 시간을 끌었다. 그러나 결국은 본인의 인생을 위해 이혼의 길을 선택했다. 참고 살아봐도 자리는 맴맴 도는 제자리였기 때문이다.

얼마 전 그녀를 만나니 얼굴 가득 화사한 웃음을 지으며 인사했다. 자식들도 장성하여 "이젠 혼자 몸만 걱정하면 된다"며 즐거워했다. 그녀는 가급적 빠른 선택으로 새 인생에 정착했다. 나는 마음속으로 '장하다!'라고 박수를 보냈다.

지금은 내일보다 젊다

결정은 빨리 할수록 시간이 절약된다. 시간을 두고 고심 고심 하다가 나이는 한 살씩 더 먹어간다. 올해나 내년이나 나아질 기미가 보이지 않을 때에는 희망을 걸 필요 없다. 차라리 일찍 고생하고 일찍 '재기'하는 것이 이익이다. '매도 먼저 맞는 게 낫다'지 않은가. '젊어서 고생은 사서도 한다'라는 말도 있다. 아직은 젊다. 지금은 내일보다 젊다. 힘든 일을 겪어야 될 바에는 젊어서 겪어내는 것이 수월하다는 뜻이다.

이혼으로 가는 길은 복잡하고 고통이 수반된다는 것을 알고 있어야 한다. 그러나 어차피 한 번은 겪어내고 돌파해야 할 장벽이라면 부수고 나가야 한다. 내가 육체적으로 정신적으로 극복이 가능할 때 하는 것이 좋다. 어려움을 겪고 나서 다시 일어설 힘이 남아 있을 때 하는 것이 에너지 재충전이 빠르다. 나이가 먹고 기운이 딸리면 모든 면에서 더 조심스러워진다. 그래서 하고 싶은 일도 질질 끌게 된다. 이것 따지고 저것 따지다 보면 이혼의 기회는 저만치 멀리에 텀(term)을 두게 된다. 3년 뒤, 5년 뒤…… 혹은 '황혼이혼'에 이르기까지 한다. 물론 '황혼기 이혼'도 가능하다. '황혼이혼'을 할 수 있다는 것은 '불굴의 의지'가 있어야 가능하다. 아무나 할 수 없는

'용감한 삶의 주인공'이다.

'이혼을 할까? 말까?'의 결정을 내릴 때 성질대로 하는 것은 적극적으로 말리고 싶다. 현실을 감안하고 꼼꼼하게 기간을 두고 기록하며 장단점을 간파해야 한다. 그러면 결정이 군더더기 의심 없이 확실해진다. 우리가 평소에 어떤 주제를 놓고 'go'일까 'stop'일까를 고심하는 일과 비슷하다. 그러고 보니 한국인들의 전통 카드게임 '고스톱'이 생각난다. 승산이 있으면 계속 갈 수 있겠지만 계속해도 승산 없이 게임에서 '꽝!'이 될 것이면 여기서 멈추어야 한다. '고'를 외칠지 '스톱'을 외쳐야 할지 비교해보자. 좀 더 현명한 결정이 되도록 이혼의 장점과 단점을 적어보면 좋을 것이다.

기록 비교의 예시

이혼했을 때의 좋은 점

1. 더 이상 보기 싫은 얼굴 안 봐도 된다.
2. 간섭받지 않아도 된다.
3. 내가 하고 싶을 일을 얼마든지 맘대로 추진할 수 있다.
4. 매일 싸우지 않아도 된다.
5. 밥상 차리지 않아도 된다.
6. 부부 싸움으로 자녀들이 괴로워하지 않아도 된다.

이혼했을 때의 나쁜 점

1. 경제 수입이 분명치 않다.

2. 내가 일터에 풀타임으로 나가야 한다.

3. 가족의 운송수단(운전)을 책임질 사람이 없다.

4. 친정에 갈 용기가 없다.

5. 아이들에게 부모 중 공석이 생긴다.

6. 친지 가족들을 만나기 불편해진다.

이런 식으로 비교하다 보면 어느 것이 크고 작은지 알게 된다. 비교하는 개수가 많은 쪽이 '승'이다. 만약 위의 예시처럼 '비교 개수'가 같을 때는 '중요함 정도'를 비교하면 된다. 중요 비교 대상은 체크 표시해두고 좀 더 고심해볼 필요성이 있다.

위의 예시보다 더 디테일하게 낱낱이 기록하면 좋다. 예를 들어 '5. 아이들에게 부모 중 공석이 생긴다'의 경우 '학교 행사 참석에 편모나 편부만 가야 함. 결혼할 땐 어쩌지?' 등과 같이 구체적으로 기록해보도록 한다. 놓친 것이 있을 수도 있으므로 준비 기간을 갖도록 한다.

비교 후 빠른 결정으로 이혼으로 갈지, 힘들어도 이대로 유지하는 것이 최선인지를 결정해야 한다. 이왕 이혼할 예정이라면 이혼 과정에 대한 디테일한 준비가 필요하다. 대책을 세워놓아야 덜 당황할 수 있으므로. 이혼 후 어떻게 살 것인지의 계획에 공을 더 들이는 것이 현명하다.

결혼 생활을 하면서 참을 수 없는 괴로움에 '스톱'을 외치고 싶었던 적이 한두 번이 아닐 것이다. 성질대로 하자면 그런 생각이 들자

마자 멈추기를 원했을 것이다. 그러나 이혼은 그렇게 쉬운 결정이 아니다. 앞으로의 본인의 인생 궤도가 바뀌는 일이다. 또한 자녀들이 있다면 그들의 인생에도 커다란 영향을 끼치게 된다. 간단한 일이 아닌 만큼 사려 깊게 생각할 수밖에 없다. 이혼 전과 이혼 후의 생활을 '마인드맵'화할 수 있다면 미리 그렇게 해보는 것도 도움이 된다. 생각하고 대비한 만큼 이혼의 타격에 '완충 작용'을 하게 되어 있다. 이혼 결정으로 가기까지의 최대한 결혼 생활 유지 노력도 해보기를 권장한다. 그러고도 개선의 기미가 보이지 않는다면 마지막 선택은 당신의 몫이다. 아무도 그 선택에 돌을 던질 수는 없다.

비졸리의 말!

이혼 결정의 '고스톱 게임'은 '복불복'?

어쩌다 이혼?

20년 전 내가 이혼했을 때는 동네 사람들이 수군거리며 쉬쉬했다.

"쯔쯧, 어쩌다 이혼을 했대? 젊은 새댁이……."

내 얼굴을 한 번이라도 본 사람은 관심을 가지고 궁금해했다. 재밌는 가십거리로 나눌 정도였다. 지금은 이혼에 대한 인식이 그저 '그럴 수 있지 뭐!'라는 정도가 되었지만 그래도 남의 입에 오르내리는 것은 여전하다. 본인들의 상상을 섞어서 부풀려내기까지 한다. 주제 거리로 되씹고 되씹는 일로 간섭을 대신한다. 여전히 남의 불행은 그들의 삶과 견주어야 할 '비교 행복 수치'가 된다.

어쩌다 이혼을 하는 걸까?

가장 파격적인 쇼크를 주는 것부터 잠깐의 당황스러움에 의한 것까지 이유는 다양하다. '배우자의 외도', '가정폭력'은 이 중 파격적인 쇼크이다. 그 밖에도 살면서 부부가 조금씩 알아내기 시작한 문제점들과 갑자기 문제점으로 드러난 것도 있다. '도박', '알코올중독', '시가와의 불화', '성적인 불화', '경제적 문제', '성격 차이' 등. 어느 것 하나 본인들에게는 그냥 지나칠 수 없는 문젯거리가 된다. 그래서 이혼이라는 결정을 내리게 된다.

이 결정을 내리기까지 많은 시간들이 걸린다. 되지도 않는 고침을 위한 시간으로 허비하는 경우가 많다. '해결이 되는 것'과 '해결이 되지 않는 것'을 구분하는 방법을 정리하면 시간은 훨씬 더 절약이 된다. 부부가 노력하여 문제를 해결할 수 있는 것은 시간을 들여도 아깝지 않다. 반면 노력해도 안 될 싹은 초기에 잘라내야 한다. 시간을 낭비하는 것보다 앞으로의 나아갈 삶을 위해 계획해야 한다.

문제 해결 가능성 점검 과정

1. 문제 주제 알기

부부 사이를 단절할 만한 무슨 일이 벌어졌는가?

2. 사건 가해자 피해자 알기

누구에 의해서 해를 끼치는 문제가 시작되었는가. 피해를 입는 상대는 누구인가? 솔직하게 자세하게 말해야 한다. 가해자의 잘못 인정과 사과는 필수이다.

3. 개선 가능성 검토

부부 중 문제를 야기한 가해자가 있다. 가해자는 개선할 수 있을지에 대해 의견을 제시할 수 있어야 한다. 심적 물적 피해를 줄이거나 피해를 복구하는 방법이 있는지 검토해야 한다. 피해자가 회복이 가능한지도 함께 검토해야 한다.

4. 의사 교류와 개선 방향 계획 짜기

정기적으로 의사 교류를 계속하며 진행할 수 있는 계획을 만든다. 계획은 하루별, 일주일별, 월별, 길게는 연별 계획도 가능하다. 되도록 단시간에 사건 해결을 마무리하면 좋다. 질질 끌수록 해결할 수 있다는 자신감에 의심이 생길 수 있으므로.

5. 노력성과 검토

진실로 가해자가 노력하고 있는지를 검토한다. 변화가 없는 노력은 효과가 없다.

6. 신뢰 관계 구축

부부의 신뢰 관계가 위의 조건들로 회복되었는지 확인한다. 이 단계까지 오면 이혼할 필요 없이 다시 좋은 관계가 성립될 수 있다.

7. OK 회복

부부 관계 회복 완성!

점검 과정에서 '자가 분석'하기

1번에서 'Stop'되는 경우에는 대개 바로 이혼 절차로 들어간다. 예를 들면 남녀 외도 문제처럼 서로 전혀 용서를 못하는 경우이다. 2~7번 중에서 중도에 포기하고 이혼으로 가능 경우도 생긴다. 점검해보고 노력할 필요성이 없다면 시간 낭비를 줄이고 헤어지는 것이 상책이다. 2번에서 'Stop'이 되는 경우는 한쪽이 폭력을 저질렀지만 '네가 먼저 내 성질 건드렸잖아!'라는 식으로 본인이 잘못을 인정 안 하는 경우이다. 3번에서 'Stop'이 되는 경우는 잘못을 했지만 '나보고 어쩌라고! 그딴 거 할 시간 없어'로 일관하며 개선하려는 의도가 없는 경우이다.

3번까지 조정이 된다면 4~7번까지는 계획-노력-신뢰-OK 회복까지 쭉 직진하여 목표를 성취하면 된다. 4~7번 사이 어디서라도 중도 하차할 수 있으나, 일단은 기다려줄 수 있는 시간을 투자하기를 권장한다. 그러다가 서로가 '이건 어렵다', '이건 아니잖아'라고 생각이 들면 언제라도 'Stop' 하고 이혼이라는 결론을 내릴 수 있다. 노력까지 해봤다면 최선은 한 것이라 생각하고 이혼해도 좋다.

비졸리의 말!

'어쩌다 이혼'은 우연이 아니라 새로운 삶을 위한 필연이다.

가족의 분리

이혼을 결정하고 나면 함께 있는 시간이 지옥 그 자체이다. 마주 앉아 밥을 먹거나 집안일을 의논하는 일 따위는 기대할 수 없다. 아주 간단한 일도 힘든 일이 된다. 그렇다고 '졸혼'을 시도하여 노력하기도 싫다면 아내와 남편의 분리만이 해결점이라고 생각하게 될 것이다. 남편이, 또는 아내가 떨어져나가게 된다. 이혼으로 가족은 흩어지게 된다. 하나의 핵가족이던 가족이 두 개의 가족으로 분리된다. '핵-핵가족' 또는 '핵가족-핵가족'으로 분리된다.

여기서 핵은 따로 떨어져 살게 되는 부부 중 1인으로 떨어져 나온 가족 구성원을 말한다. 핵가족은 따로 떨어져 살게 되는 부부 중 1인 플러스 자녀 또는 동거가족 구성원을 말한다. 자녀가 둘 이상인 경우 부와 자녀, 모와 자녀의 가족으로 나뉘어 분가가 형성될 수도 있다. 이 경우는 핵가족-핵가족이 형성된다.

'핵-핵가족' 또는 '핵가족-핵가족'은 이혼에서 일어날 수 있는 가족의 분리 형태이다. 이혼 생활의 재구성 형태, 분리되는 가족들의 '초이스'에 앞서 생각해볼 것들이 있다.

핵가족 안의 자녀 살피기

일반적으로는 남편이 핵으로 분리되어 홀로의 삶을 시작하고 아내가 자녀를 부양하는 방식으로 분리되는 예가 많다. 이혼을 하고 가정이 분리된다고 해서 부모로서의 책임이 사라지는 것은 아니다. 자녀가 있다면 자녀의 삶은 부모 양쪽의 행복과도 직결되기 때문이다. 헤어지면 남이 된다는 말을 쉽게 해서는 안 된다. '아는 남남'이지 '몰랐던 남남'은 아니지 않은가? 내가 사랑했던 사람이 이제 남으로 갈라서는 것이다. 돈보다도 사람의 행복에 관심을 가지고 일을 종결해야 한다. 부부 중 일방이 재산의 대부분을 받게 되고 나머지 한쪽을 사지로 내몬다면 옳은 방법이 아니다. 나도 살고 상대방도 살 수 있는 것이 중요하다. 아무리 미워도 살 수 있게는 해주어야 한다.

핵가족 안에 있는 엄마와 자녀 또는 아버지와 자녀는 이혼으로 분리된다. 따로 사는 엄마 또는 아버지와는 교류하기가 힘들어진다. 이런 문제점을 완화하려면 지속적인 마음 돌봄이 중요하다. 떨어져 있지만 최선을 다해서 자녀와의 정서적 교감을 만들 방법을 생각해야 한다. 요즘은 톡이나 영상통화도 가능하므로 마음의 성의만 있다면 얼마든지 부모의 역할을 할 수 있다.

핵–핵가족은 서로 아군이다

이혼하면 적군인가? 몇 년 동안 곱씹고 곱씹다가 내린 '이혼'이란 결론이 있었기에? 또는 믿었던 사랑을 배신한 배우자이기에? 알코올중독, 외도, 노름, 빚더미, 폭력 등 이혼의 이유는 너무도 다양하다. 우리는 헤어지려는 결론이 내려지면 종착역을 향해 질주한다. 예의라는 것을 지킬 필요성도 자취를 감춘다. '말라비틀어진 정'이란 것은 가치가 없어진다. 그러므로 상대를 미워하고 또 미워하여 얼굴조차 보기 싫어진다. 그리고 증오해야만 정상이 되는 듯이 행동한다. 그러나 눌러버리고 이겨야 하는 나의 적은 아니다. '나의 아군'쯤으로 생각하자. 이러면 마음에서 최고조에 달한 '증오의 짐'을 내려놓게 된다. 그리고 훨씬 더 평화로워질 수 있다.

가정의 중심이던 남녀가 헤어지면서 가족의 분리가 이루어진다. 그러나 살아가다 보면 우리 가족을 위하여 뭉쳐야 할 상황은 언제든 벌어질 수 있다. 이혼한 전 배우자는 결코 적군이 아니다. 힘을 합해야 할 '아군'이다. 배우자를 배척하는 마음 '증오'란 것을 '평화'로 변화시켜보라. 특히 두 사람 사이의 자녀가 있을 때는 더더욱 원수처럼 끝을 마무리하는 일을 절대 피하라고 조언하고 싶다.

비졸리의 말!

'핵'과 '핵가족'은 국경선의 남북에 있는 '이산가족'이다.

다시 날고 싶으냥, 그럼 다시 날아보개!

우리 집에는 '냥냥이'와 '댕댕이'가 있다. 고양이와 개가 함께 산다. 어려서부터 같이 살기 시작했다. 서로의 다름을 알면서도 '둘이 잘 어울려 살겠거니' 두 마리를 함께 키우기로 결정했다. 한동안은 호기심에 잘 지내는가 싶더니 시간이 지날수록 호기심 대신 경계심이 작동했다. 작은 마주침만 생기면 으르렁거리며 싸운다. 각자의 우위를 굳히려는 서열이 문제였다. 둘은 의사 표현의 소리도 다르므로 이해가 불가하다. 해석하기 어려운 외국어로 말하는 듯하다.

자비롭게 오순도순 어울리며 살면 둘 다 행복할 것 같은데, 그것은 참 어려운 일이 되는가 보다. 그들의 24시간은 '다툼'으로 시작하고 '다툼'으로 끝난다. 노력함이 없으니 상호 이해란 불가하다. 고양이와 개의 입장만 존재한다.

냥냥이와 댕댕이

냥냥이와 댕댕이를 생각나게 하는 삶이 있다. 부부간에도 '하루가 멀다' 하고 다투는 커플이 있다. 싸우는 것을 보면 고양이와 개 같다. 서로의 성격도 다르지만 대화가 불가능하다. 자신의 입장만 내세우고 배우자의 말은 듣지도 않는다. 상대방과 소통이 되지 않으니 사소한 것으로부터 오해를 불러들이기 십상이다. 이진법과 십진법을 쓰는 것처럼 교류가 안 된다. 어떨 때는 이해하고 싶지 않은 듯 행동하기도 한다. 서로가 사이좋게 어울리지 못하니 생활하면서 매우 답답해한다. 마지못한 '억지 살이'가 하루하루 지나 1년이 되고 일생이 될 수도 있다. 한 집에서 사는 것 자체가 고달픔의 연속이다. 가장 가깝게 지내야 두 사람이 '가깝고도 먼 당신'으로 낙인찍힌다.

좀 더 나아지는 사이가 되려면 상대방의 입장에서 이해를 위한 노력이 필요하다. 주거니 받거니 정성도 필요하다. 노력도 기권, 정성도 기권이라면 이제는 'No Feeling' 부부가 된다. 아무것도 하고 싶지 않다면 헤어지는 방법을 택할 수밖에 없다. 각자의 행복을 위해서도 '고난 여정'을 탈피하는 방법을 찾아야 한다. 정 어렵다면 따로 살아야 한다. 각자의 방식으로 고양이는 고양이끼리 개는 개끼리 어울려 살아야 행복하다.

"고개를 똑바로 들고 길을 보라. 길이 보이면 보고 있지만 말고 걸어라."

미국의 유대인계 철학자 아인 랜드(Ayn Rand)의 말이다. 인생길을 걸어갈 때 저마다의 목적지 코스가 있다. 본인이 살고 싶은 최적의 방법들이다. 가끔씩은 제대로 걸어가고 있는지의 관찰도 필요하다. 만약 잘못된 길로 들어섰다고 자각하면 마땅히 고쳐서 옳은 길로 가야 한다. 현명한 자는 자기 자신이 제대로 인생길을 걷고 있는지 정도는 쉽게 인지할 수 있다. 그 느낌을 우연으로 치부하지도 않고 고쳐갈 수 있는 민첩함도 가지고 있다.

이혼의 기로에 서면 부부는 각자가 살아왔던 길을 돌아본다. 지금까지의 풋 스텝을 바라보게 된다. 그간 걸어온 거리는 중요하지 않다. 동행하며 진행한 것들이 많거나 적어도 상관이 없다. 점검해 보건대 자신이 원했던 길이 아니라면 다른 길로 가야 한다. 가던 길을 멈추고 몇 미터를 더 되돌아와서 다시 진행해야 할 경우라도 돌아서야 한다. 잘못된 길은 공을 많이 들였어도 그저 '잘못된 길'이다. 자기 삶에 의미도 보람도 없었다면 무효화시켜야 한다. 깔끔한 결단력이 살아 숨 쉴 때 잊어야 한다. 아쉽더라도 덕지덕지 미련이 붙은 것은 탈탈 털어버려라.

후회와 괴로움은 과거가 되어야 한다. '과거는 그냥 과거일 뿐!' 현재가 아니다. 그래야 끈적끈적한 미련 없이 현재의 도약이 시작된다. 과거의 부스러기는 털어버리고 방향을 틀어서 가라. 새로운 출발선에서 다시 시작하라. 인생을 바꿀 시간은 넉넉하다. 아직 당신은 죽지 않았고 힘찬 심장은 여전히 뛰고 있다. 그것이 멈출 때까지 삶을 비상시킬 정열의 불꽃은 살아 있다.

자기 자신을 깊이 신뢰하라

결혼하게 되면 사랑하는 사람과 모든 고난을 헤치고 지구 끝이라도 갈 것으로 착각한다. 모든 것을 쉽게 생각하고 쉽게 결정한다. 그런 결혼에 골인하고 시간이 하염없이 지난다. 어느 날 '나에게도 신혼이 있었나…… 언제였지?'라고 손가락 카운팅을 하고 있을 때쯤엔 덤으로 '자아 실종'이라는 것도 발견해낸다. '자아'라는 것은 어느 순간 신기루처럼 사라졌다는 것을 슬프게 깨닫는다.

결혼은 사랑의 무게로만 저울질할 일이 아니다. 사랑으로 합하기 전에 '나를 온전히 인정받고 있나'가 관건이다. '내가 나대로' 살아가고 싶은 '자아실현'이 사랑과 함께여야 한다. '나'라는 사람이 삶의 목표에 대한 중심이 잡혀 있어야 사랑도 탄탄하게 오래갈 수 있다. 본인의 삶이 흔들리면 사랑도 흔들리게 된다. 자아의 존재가 빛을 잃지 않은 채로 유지되어야 한다. 결혼 후에도 여전히 존중받고 있어야 행복하다.

이전의 자신을 기억하지 못하고 전혀 새로운 사람으로 배우자에게 다가섰다면, 얼마 안 있어서 후회할 일이 생긴다. 본인의 날개옷을 저당 잡힌 선녀와 같다. 선녀는 하늘의 사람이지 땅의 사람이 아니었다. 본연의 자세를 잊고 살았었다. 그러나 어느 날 자신이 선녀라는 '자아'를 뼈저리게 느끼는 순간, 헤어짐은 이미 정해진 답이 된다. 날개옷을 되찾아 다시 원래의 자리로 돌아가게 된다.

날 수 있는 사람은 날아야 산다. 날기를 원했던 사람도 날아봐야 한다. 그간의 결혼 생활에서 날개옷을 잃고 나는 법도 잊고 살았다면 이제는 다시 돌아갈 때다. 다시 자유롭게 날아보자!

높이 날기 위해서 결혼 대신 이혼을 택하는 사람들이 있다. 누가 뭐래든 자신의 목표는 달라졌다. "왜?"냐고 물으면 짧게는 "다시 날기 위해서!"가 답이다. 더 이상 무슨 답이 필요한가. 더 이상 No Question!

'내가 나의 길'을 가는데 남의 의식, 남의 의견은 중요하지 않다. '나의 인생은 내가 결정하고 내가 원하는 길'로 가야 한다. 본인의 판단을 믿고 길을 가야 후회가 없다. 자신의 삶은 자기 자신에 의해서 행복과 불행이 결정된다. 웃어도 자신이 웃고 울어도 자신이 울어야 할 테니까.

'잘 걷지도 못한 내가 날 수는 있을까?'라는 의심도 들 것이다. 그러나 낭비했다고 드는 시간이 아까운 만큼 날고 싶은 마음이 굴뚝같을 것이다. 할 수 있다. 자신의 계발을 게을리하지 않으면 화려한 비상을 할 기회가 찾아온다. 무엇이든 해낼 수 있는 용기 있는 '홀로서기의 삶'이 이루어지면 날 수 있다. 다시 날고 싶은가? 그럼 '자기 자신'을 깊이 신뢰하라. 그리고 단련에 단련으로 홀로의 삶을 빛나게 하라.

비졸리의 말!

이혼은 '잃었던 날개옷'을 입고 비상을 준비하는 것이다.

• 2장 •

졸혼해도 될까?

저는 '졸혼 희망자'입니다!

학교 동창 모임이 있었다. 동창들이 모이면 가장 편안한 자세가 저절로 세팅된다. 그들이 풀어놓는 보따리는 몇 개월 몇 년을 기다린 수다보따리다. 분위기가 무르익을수록 농도 깊은 삶의 고단함을 말하기 시작한다. 가족 이야기, 배우자 이야기. 가장 물 오르고 싱싱한 주제 거리는 역시 배우자를 씹는 이야기다.

목소리에 힘을 꾹꾹 눌러가며 불만을 토로하는 말. 어느 누구도 칭찬이 없다. 칭찬하면 간첩이라도 된양 '그래, 그래! 맞아 맞아! 이 눔의 영감탱이가 그런다니까……' 서로의 말에 맞장구는 '얼쑤!'가 된다. 같은 편이 되어 열을 올리고 있었다. 살면서 쌓인 불만들이 큰 풍선 속에 있다가 이윽고 '펑!' 하고 터져 나오고 있었다.

나는 장난스레 물었다.

"이제 결혼 그만 접고 싶냐? 너희들 중에서 이제 그만 살고 싶은 사람 손들어봐!"

일곱 명 중에 일곱 명이 모두 손을 들었다. 웃어야 할지 울어야 할지. 우리네 결혼 생활 공감대는 왠지 씁쓸한 맛이 돈다.

이제는 그만 졸업하고 싶다

나는 일순간, 탈출을 향한 글이 떠올랐다. 마치 시를 써내려가듯이. 졸혼을 꿈꾸는 희망자들의 독백. 이것은 견디다 견디다 못해 터져 나온 '희망의 아우성'들이었다. 그간의 생활고에서 묵히고 묵혀서 숙성된 마음. 그것이 시디신 독백이 된다.

졸혼 희망자의 고백

벗어나고 싶다. 의무와 책임의 굴레. 이혼이 어려우면 졸혼이라도 희망을 걸어봐야지! 졸혼이 이혼하고는 다르겠지? 이혼과 비슷한 방법일 것 같지만 왠지 나이스할 것 같다. 미화된 단어 같기도 하다. '혼인을 졸업한다' 그 말에 솔깃하지만 방법이 어떨지 몰라. 서툴게 시도하다가 부부 사이를 더 악화시킬까 봐 두렵다. 실제로 시도할 수 있을지도 의심스럽다. '이런 지루하고 답답한 결혼 생활은 이제 그만' 마음속에서 수도 없이 외치지만, 이런 억압에서 감히 탈출할 순 있을까? 그러니 더 답답하다. 이제는 졸혼이든 이혼이든 선택하고 싶다. 자유스럽고 쿨한 사람이 되고 싶다. 새로운 삶으로 '진짜인 나'로 살고 싶다. 가능하다면. 허락된다면. '졸혼'이란 걸 해보고 싶다. 이혼처럼 거창하지 않을 것 같아서이다. '졸업한다'는 이 말은 희미하나마 희망으로 다가온다. 내 인생의 행복을 찾아 줄 한 줄기 빛, 제발 누가 좀 알려주면 좋겠다.

당신도 이러한 생각이 들었다면 졸혼 희망자이다. 책임과 의무를 다해 결혼의 시절을 열심히 살았다. 살다 살다 지친 생활에 휴식을 원하는 희망자. '이제는 그만 졸업하고 싶다'라는 졸혼 희망자. 힘든 부부의 역할은 졸업, 여유를 즐기고 싶은 희망을 가진다. 졸혼 희망자는 신혼부부일 수도, 중년 부부일 수도, 황혼기의 부부일 수도 있다. 중년만이 졸혼의 대명사는 아니다.

신혼 졸혼

사랑의 콩깍지에 덮여 제대로 보지 못한 나의 배우자. 결혼하고 살다 보니 내가 알던 사람이 아니네. 혼인 서류 만들자마자 이혼 도장은 심하지? 쉬어가며 한번 더 재고해보자. 정 들기 전에 멀어지려는 내 생각이 과연 맞는 걸까? 점검도 한번 해봄직하다.

중년 졸혼

수십 년 헌신했네, 나를 잊고. 가족 뒷바라지에 세월 지나 자식들 다 크고 나니 나는 어디에 있을까. 찾아보려 해도 '나의 존재'는 보이지 않네. 꼭 보물찾기 같다. 머리칼은 희끗거리는데. 내 안의 가치를 찾고 싶어진다.

황혼 졸혼

참고 참고 또 참고 몸에서 사리라도 나올 정도로 참고 살다가 인생의 해가 저물어가니 괜시리 억울해지네. 나는 누구이며 이제까지 무얼 하고 산 걸까? 내 이름 석 자라도 제대로 불리고 싶다.

삶의 질을 합리적으로 조정하자

졸혼을 원하는 부부의 연령대는 정해져 있지 않다. 결혼 생활의 오작동을 감지하는 경고등은 언제든 켜질 수 있다. '이상무'였던 결혼 생활이 삐거덕거리기 시작하는 시기는 신혼, 중년, 황혼을 가리지 않는다. 일단 혼인 생활의 진행에 차질이 생긴다면 과부하가 아닌가 의심해보아야 한다. 과부하가 걸리면 쉬어야 한다. 완전히 고장 나서 폐기 처분되기 전에.

졸혼의 종착역은 이혼이라는 불길한 생각은 접어두자. 결국은 나쁘게 흘러갈 것이라는 선입견도 쓰레기통에 버려라. '다 잘될 거야'라고 자기최면을 걸어보자. 긍정적인 생각으로 시작해야 한다. '부부의 삶이 더 자유롭고 정신적으로는 더 풍요로워질 수 있다'는 긍정적인 생각. 긍정의 사고는 긍정의 선택이다. 결국은 긍정의 결론을 만들어낸다. 졸혼의 희망은 결국, 아내와 남편 서로를 '살려내는 희망'이 된다.

졸혼은 희망자들에게 여유를 주는 시간적, 공간적 기회를 제공

한다. 이 기회는 각자의 세계를 가져보는 스페셜한 휴식 선물이 된다. 아내와 남편은 끌려 다니는 삶을 탈피해야 한다. 각자의 삶의 주체가 되어야 한다. 더 '의미 부여'하기 위해서이다. 졸혼으로 한 단계 업그레이드하자. 시간적으로 자유를 갖는다. 공간적으로도 자유를 갖는다. 새로운 형태의 혼인 생활로 변화를 준다. 각자의 삶에 집중해보는 삶을 시도한다. 삶의 질을 합리적으로 조정하는 것이다. 졸혼은 혼인 생활의 다른 형태일 뿐이다. 희망을 주는 새로운 방법, 이것은 혼인의 연장선상에 있다.

졸혼을 희망하는 아내나 남편을 '저만 아는 이기적인 인간'이라 생각하지 말자. '가족을 생각지 않는 차가운 마음의 소유자'라고 비판당할까? 결코 그렇지 않다. 졸혼을 요구하거나 실행에 옮기려 한다고 나쁜 배우자가 되는 것은 아니다. 이것은 두 사람이 합의를 통해서 이루어지므로 억지 행동이 아니다. 두 사람이 함께 원할 때에만 비로소 가능하다. 이것은 불협화음에서 새로운 조화를 꿈꾸는 행동이다.

졸혼을 희망하는 사람은 자신의 인생을 무료한 되돌이표로 낭비하지 않으려 한다. 각자의 삶이 한 번뿐인 것을 소중히 안다. 아끼며 보람되게 사용하길 원한다. 한 가족으로 이름 지어진 부부는 서로의 변화를 수용한다. 최선을 유지하는 방법을 모색해보아야 한다. 그간의 '공든 탑'을 지킬 줄 아는 지혜를 발휘해보자. 쌓아왔던 결실은 유지하며. 서로의 행복을 위해 변화하는 방법이 있다. 서로의 쓸

데없는 억압은 그만! 쿨한 마인드로 'On'해보라!

당신은 현재 '졸혼 희망자'입니까?

희망이라는 것은 밝은 기대 심리를 갖게 만든다. '졸혼 희망자'란 졸혼에 희망을 거는 사람. 새로운 점프의 출발점에 서게 된다. 이 단어는 다음에 올 것들을 밝게 암시하는 재주가 있다. 희망자는 전혀 안 될 것들에는 목매지 않는다. '실행에 옮기면 잘될 것 같다'는 의지를 걸게 된다. 졸혼을 실천에 옮겨 도전하는 사람들은 '신사고의 소유자'임이 분명하다. 당신은 용감한 개척자! 진정으로 응원의 갈채를 보낸다.

비졸리의 말!

'졸혼 희망'은 질식사하기 직전 숨통을 열어주는 '산소'이다.
'졸혼 희망자'는 불협화음에서 최상의 하모니를 꿈꾸는 사람들이다.

졸혼,
어떨 때 하고 싶을까?

'오늘부로 저의 혼인 생활을 졸업하겠습니다. 축하해주십시오!'

졸혼식 멘트가 있다면 이것일 것이다.

'결혼하여 열심히 살아온 그대여 여행을 떠나라!'

졸업 선물이 있다면 이것을 받고 싶을 것이다.

'졸혼'은 각자에게 휴식과 자유를 주는 시간적 공간적 여유이다. 아내와 남편이 서로에게 억압으로 느껴지게 되어 힘이 들 때, 가정 생활에 지쳤을 때 고마운 제안이 된다. 이 방법은 자칫 이혼으로 치닫기 전 그간의 혼인 생활을 돌아볼 수 있는 시간을 벌어주게 된다. 혼인을 종료하려는 것을 완화시켜준다. 길게 호흡을 고르며 걸어온 혼인 생활을 점검하게 된다. 과로에 지친 몸을 누이며 쉴 수 있는 시간적 여유를 준다. 자유롭게 자신을 바라보는 '자아'의 재발견을 일

깨워준다. 그리고 지친 정신과 몸에 다시금 활력을 주어 에너지를 끌어올리는 작용을 한다. 그것은 마치 신선한 공기에 힐링이 되어 정신이 맑아지는 것과 같다.

폭발하기 직전, 해체 작업을 하라

실제로 '졸혼'이란 대안책을 이용할 때가 되었다고 생각한다면 가장 중요한 것은 부부의 의사소통이다. 의사소통이 원활하게 이루어질 수 있는 부부라면 서로의 합일점을 찾기가 쉽다. 부부간의 시끄럽고 복잡한 전쟁을 거치지 않고도 서로 원하는 바를 이룰 수 있다. 좋은 방법을 찾아 원만한 협의를 하는 것이 가능하다.

견디고 견디다가 폭발하기 직전의 혼인 생활을 인지했다면 더욱 악화될 관계를 '졸혼'으로 막을 수 있다. 폭탄이 터지면 '급이혼'으로 '마음 사망'할 수 있으므로 터지기 전에 해체 작업을 해야 한다. 잘 계획되고 합리적으로 실천된 졸혼 생활의 휴식기는 아내와 남편을 구한다. 그리고 파편이 튀어 부상을 당하는 격인 가족들도 구할 수 있다. 현명하다면 부부의 솔직한 소통으로 서로에게 여유를 제공하는 것이 좋다.

졸혼을 하고 싶다는 생각은 살다 보면 여러 상황하에서 꿈틀거린다.

- 반복되는 생활, 지루함에서 탈출하고 싶을 때
- 시들해진 '자아'를 다시 찾고 싶을 때

• 답답하게 마음을 가두는 간섭에서 벗어나고 싶을 때
• 정해진 역할 대신 '나'의 이름으로 다시 살아보고 싶을 때
• 복잡한 생활에서 벗어나 '성취'를 위해 집중하고 싶을 때

졸혼은 에너지를 충전하는 과정이다

대부분 '졸혼'하고 싶은 이유는 '홀로'의 자유를 다시 시도하고 싶어지기 때문이다. 결혼 전 싱글 라이프에서 찬란히 빛나던 '나'란 사람은 결혼과 함께 없어졌음을 어느 날 문득 자각한다. 좋은 아내, 남편의 역할에만 중심을 맞추어 살자니 힘이 든다. 자녀들이 생기면 또다시 다른 역할인 아이들의 부모 역할에 집중하게 된다. 이러다 보니 부부간의 사랑은 소원해지고, '나'도 잊고 '나의 사랑'도 잊고 껍데기인 듯 사는 삶이 된다.

시간이 한참 지나고 나서 '나'를 돌아보게 되면 그간 다른 이름으로만 불린 듯하다. 인간인지라 이윽고 '자아'를 위한 탈출구를 찾게 된다. 꿈틀거리는 '자아 찾기' 인간 본연의 의지를 느끼게 된다. 새로움의 시작은 언제나 가슴이 뛰고 열정이 넘친다. 두 사람이 부부 인연으로 결혼 생활을 시작했을 때도 그랬다. 온 지구를 비출 만큼 밝은 희망으로 빛이 났다. 시간이 지나서 빛이 약해졌을 뿐이다. '졸혼'은 다시 에너지를 충전하는 과정이라 생각하면 된다.

부부가 함께했던 아름다웠던 추억은 많다. 이것을 분노로 망치지 않고 지킬 수 있다면 지키는 것이 지혜로운 삶이다. '졸혼'의 선택은 여러 가지 효과를 낼 수 있다. 가장 가까웠던 부부가 서로 마음을

열고 재통합을 재고해볼 수 있다. 마음먹기 나름 그리고 행동하기 나름이다. 서로의 이해와 교류가 관건이다. 아내와 남편의 신뢰가 남아 있다면 다시 새로움에 도전하라. '졸혼'은 끝이 아닌 한 단계 발전한 또 다른 혼인 생활의 시작이다. '졸혼'을 통한 새로운 시도 그리고 가정 통합의 달성. 이것은 충분히 실현 가능성이 있는 과제이다!

비졸리의 말!

졸혼'은 끝이 아닌 '결혼 생활의 부활'이다!

가족의 신개념 : With 또는 Without

"차라리 따로 살았으면 좋겠어. 자식들을 생각해서 참고 살지만…… 사는 게 사는 것이 아냐. 나는 죽어라 가족을 위해 일만 하다 죽을 것 같다니까."

결혼 생활 15년이 되어가는 아주머니 O 씨의 이야기다. O 씨는 어려운 가정 형편을 위해 주 6일을 식당에서 일한다. 일주일에 주어지는 겨우 하루의 휴일, 밀린 집안일을 하다 보면 본인의 시간이란 조금도 만들 수 없다고 한다. 가족들 중 O 씨에게 하루 동안 편히 쉬라며 가사 일을 도와주는 이가 아무도 없다고 한다.

"내가 뭐 노예인가…… 마누라는 만날 돈만 벌어다 달라고 하지, 집에 가면 뜨끈한 국 한 사발 대접 못 받고, 제대로 숨도 못 쉬고 산다니까. 내가 혼자 살아도 이보다는 잘 먹고 잘 쉬며 살 텐데……."

P 씨는 잘나가던 직장에서 5년 전에 갑작스런 해고를 당했다. 현재는 가족의 경제를 위해서 밤낮을 가리지 않고 택시 운전을 한다. 피곤한 일터에서 집으로 돌아와 수면 부족으로도 시달리는 경우가 태반이라 한다. 가족은 그의 건강이나 삶의 질에 대해서는 관심이 없는 듯하다고 말한다.

아내나 남편이나 이런 즐겁지 못한 '울며 겨자 먹기'식의 생활고는 부지기수이다. 모두들 가정을 위해서 일을 하며 참고 산다고 했다. 그러나 일을 즐기지도 행복해하지도 않는 것 같다. 정작 자신의 삶은 없는 듯 일에 대한 만족도 성취감도 느끼지 못하면서 가족을 위해 어쩔 수 없는 희생을 감수하고 사는 것이다.

내가 행복해야 가족이 행복해질 수 있다!

결혼 생활을 하면서 경제적인 문제를 떠안으면 직장 생활과 겹쳐 갈등의 고리가 생긴다. 가정의 주인공이 되어야 할 부부의 삶이 시간이 흐르면서 '함께'가 아닌 '따로'의 삶이 되어 괴리감을 느끼게 되고 각자의 궤도를 걷게 되는 것이다. 이쯤 되면 정신적으로도 이미 어긋나 있을 가능성도 크다. 따라서 이 시기에는 아직도 서로를 신뢰하고 있는지 점검해봐야 한다. 혹시라도 당신의 배우자는 있거나 말거나 한 존재인가 아니면 차라리 혼자인 삶이 더 편하겠다는 생각이 자주 드는가. 만약 그렇다면 서로의 고난과 역경을 삭감하기 위해서 좀 더 합리적인 방안을 마련해보자. 나머지 가족 구성원의 행복을 위해서도 언젠가는 생각해 봐야 할 문제이다. 내가 먼저 행복해져야 나의 배우자도 행복하게 될 것이고, 둘의 조정을 통해서 나머지 가족 구성원의 생활이 행복해질 수 있을 테니까. '가족은 아무리 힘들어도 떨어지면 안 되는 거야'라는 말이 있지만 이것이 항상 옳게 적용되는 것은 아니다. 가족은 'With'일 수도 'Without'일 수도 있다.

가족 구성원의 기능적인 면을 돌아보자. 붙어 있으면서 제 기능을 발휘할 수 없다면 '가족은 때로는 떨어져 살아봄직도 하다. 모두가 행복해질 수 있다면'으로 개념을 바꾸어볼 때이다. 시대에 부응하지 못하는 가족의 개념은 시대에 맞게 새롭게 조정되어야 한다. 고정관념을 버리자. 이렇게 한다고 나쁜 사람이 되는 것은 아니니까. 실질적으로 현 시대에서 결혼 생활을 하다 보면 가족이 항상 떨어지지 않고 함께할 수 있는 시간이란 많지 않다.

집안에서 대면할 수 있는 시간이란 고작 아침이나 저녁 식사 때뿐이다. 그것도 시간이 맞지 않으면 아침도 각자 차려먹고 저녁 식사는 회식으로 대체하게 된다. 가족은 특별한 행사가 없는 주말이 허락되어야만 함께 모일 수 있다. 한 달이면 5~6일 정도가 확보된 '가족의 시간'이 된다. 주말 부부도 한 달이면 4~8일 정도만 함께 보낸다. 이제 가족이란 항상 붙어사는 것이 아니라 본인들의 공통적인 여유시간이 맞아떨어질 때만 '함께'인 것이다. 이렇게 보면 현재의 가족, 즉 부부가 함께 거주하고 같이 보내는 시간으로는 결혼 생활의 만족도를 따질 수 없다. 양이 아니라 질이다. 많은 시간을 함께할 수는 없어도 필요할 때 위안이 되고 격려해주는 존재가 되는 것이 중요하다.

일주일에 하루 쉬는 O 씨의 휴일은 '개꿀'이 되어야 한다. 가족을 위한 가사일도 하루는 제쳐두고 본인을 위해 온전한 시간을 할애할 수 있으면 좋겠다. 택시 일을 하는 P 씨 역시 운전하고 들어오면 밤이건 낮이건 맘대로 수면을 취할 수 있는 장소가 있으면 좋을 것이다. 먼저 대접받으려 하지 말고 상대를 생각하고 스스로를 챙기고 살면 된다.

내가 행복하고 가족도 덩달아 행복해지는 방법

부부는 성혼 선언에서처럼 '즐거우나 슬프나 함께한다'라고 생각하는가? 현재의 여건이 합리적이 아니라도 꼭 붙어 있어야 된다면, 더 큰 문제로 이어질 수 있다는 걸 알아야 한다. 참고 참았다가 폭발하면 꽝!으로 끝날 문제가 아니라 꽥!이 될 수도 있으며 폭발의 잔해는 가족 모두에게 처참한 고난을 안겨주기 때문이다.

지금 이 시점에서 생각해보자. 내가 원하는 생활은 어떤 방향으로 나아가고 있는가? 또 배우자가 원하는 생활은 어떤 방식일까? 떨어져 있어도 부부와 가족을 유지하고 지내는 방법은 없을까? 내가 행복하고 가족도 덩달아 행복해지는 상황이라면, 새로운 시도도 좋지 않을까? 결혼 생활을 끝내지 않고도 궤도 수정을 통하여 더 나은 생활(better life)을 구성하는 것이다. 결혼 생활이 버거울 때 하는 또 다른 선택 '졸혼'. 이것은 전통적으로 내려오는 부부 생활의 개척이나 다름없다. 타인들이 감히 시도해보지 못하는 새로운 길이다. 그러나 변함이 없는 결혼 생활에 숨통을 트이게 하는 새로운 변화를 가져다줄 것임은 확실하다.

가족의 개념은 바뀌고 있다. 혈연으로 구성된 '필연'으로 시작되어 기능적인 면의 '재배치'로 점점 더 합리성을 추구하고 있는 것이다. 서로에게 좀 더 편리하고 좀 더 효과적이게 재구성되어가고 있다. 가족의 신개념 '졸혼'은 '혼인을 졸업한다'라는 의미로, 자신의 배우자가 잠시 동안 멀리 여행을 가 있다고 생각하면 마음의 안정이 될 것이다. 다시 돌아올 것임을 전제로 하기 때문이다.

'With'냐 'Without'이냐가 중요한 것이 아니다. 결혼으로 정해져 있는 굴레에서 현재 계속되는 고난을 겪고 있다면 고정관념을 버리고 개척을 시도해보자. 쉼표가 되는 부부의 '졸혼 생활'은 서로에게도 자유롭게 호흡할 수 있는 시간을 준다. 재충전할 수 있는 여유로운 시간을 준다. 또한 반복되는 무자극의 결혼 생활에 파격적인 변화를 주게 되어 서로의 필요성을 재조명하게 되는 계기가 된다. 여러분의 삶은 언제나 여러분이 선택하는 것이다. 타인이 가보지 않은 삶이라 하여 겁낼 필요는 없다. 여러분의 선택은 주인으로서 하는 당연한 '정답'이 될 테니까!

비졸리의 말!

'졸혼 별거'는 '별거'인 듯하면서 '별거'가 아닌 별거 없는 떨어짐이다.

동거에서 별거로 이동하는 삶 '졸혼 별거', Journey!

"차라리 두 분이 잠시 따로 지내보는 건 어때요? 그만 싸우고!"

사회생활의 15년 지기인 친구가 딸에게서 들은 말이다. 나의 친구는 '싸우고 화해하고 싸우고 화해하고'를 거의 매일 하다시피 하여 결혼 생활이 지긋지긋하다고 종종 말해왔다. 어느 날 견디다 못한 그녀의 딸 입에서 나온 말이 가족 구성원으로서의 솔직한 권장 사항이었다. 내 친구 H는 그간의 '투쟁'스러웠던 결혼 생활을 곱씹어보고는 "그래, 그 말처럼 시도해봄직도 하다"라고 말했다.

결혼하여 1년 동안은 싸움이란 것은 단지 '사랑싸움'에 그칠 정도였다. 같이 지내는 시간이 더 길어지면서 아기도 생기고, 각자의 업무에 바빠지면서 생활고가 덧붙었다. 서로는 서로가 '도와줬으면……' 생각만 하고 대화를 자주 나누지도 못했다. 그러자 말하지 못하는 불만이 쌓여서 자주 언성을 높이는 다툼이 생겨났다. 요즘은 얼굴 대면하고 말하기도 싫다고 했다. '꼴 보기 싫다'는 말이 시시때때로 튀어나왔다.

동거에서 별거로 이동하기

과거는 얘기해서 무엇하리요만, 내 친구 H와 남편의 러브스토리는 과히 베스트 드라마 격이었다. 두 집안의 반대를 무릅쓰고 7년간의 만나고 헤어지고를 반복한 끝에 결실을 이룬 결혼이었다. 그런 부부가 이제 와서 '졸혼 별거'라는 걸 구원이라도 되는 것인양 눈을 반짝이며 고려하고 있다. 그녀는 나에게 물어왔다. "너라면, 이런 경우에 별거라는 걸 어떻게 받아들이겠니?"라고.

나는 솔직하게 말해줬다.

"싸우며 이대로 쭉 사는 것보단 나을 거야. 나는 '찬성'에 한 표."

내 친구는 진정으로 '별거'를 신중히 검토해보겠노라고 했다. 그 말이 나온 지 거의 반년이 지날 즘에야 그녀는 '졸혼 별거'를 실제로 시도해보기로 남편과 합의했다고 알려왔다.

나는 사람들이 붐비지 않는 조용한 분위기의 편안한 소파가 있는 곳으로 그녀를 불러냈다. '친구로서 내가 해줄 수 있는 좋은 방법과 조언을 아끼지 않으리라' 생각했으므로. 그녀는 상기된 얼굴로 나를 만나러 나왔다. 나는 차근차근 그녀에게 설명하기 시작했다. 모든 일에는 순서가 있는 법이니까.

마음의 준비가 될 때까지 기다려주기

수십 년간을 함께 살아온 울타리에서 벗어나 댕그라니 떨어져 지낼 생각을 해보라. 처음에는 억눌렸던 자유를 만끽하는 기분에 쾌재를 부르고 다니겠으나 그것은 잠시. 이내 익숙하지 않는 외로움이 밀려올 수도 있다. 별거를 통한 '졸혼'을 준비하려면 우선 홀로인 생활의 틀이 망가지지 않게 디테일한 계획을 짜고 가족 구성원의 동의도 거치는 것이 중요하다.

졸혼 별거를 고려할 때

'졸혼 별거'하기로 확정을 내렸다면, 부부 중에 아내 또는 남편 중에 누가 가정의 외부에서 기거할 것인가를 정해야 한다. 최대한 나머지 가족 구성원에게 최소한의 리스크를 줄 인물이 누구일지가 기준이다. 대부분은 남편이 '별거'로 시도하는 것이 안정된 가정생활을 덜 혼란스럽게 하는 것이다.

누군가가 외부에서 기거하기로 했을 때 다음과 같은 사항을 의논해야 한다.

- 기간 : 어느 정도의 기간 동안 떨어져 지낼 것인가?
- 거주 지역 : 어느 정도의 거리를 두고 거주지를 정할 것인가?
- 정기적 미팅 : 부부 또는 가족과 함께 모이는 횟수와 날짜를 정한다.
- 경제적 지원 : 현재 그대로의 경제적 지원에 비교하여 별거 구

성원이 생활할 수 있는 경제 지원 여부의 비용을 계산하여 계획하기

• 종료 기간 : 졸혼 별거를 끝내는 날짜를 부부 또는 가족 전체가 의논하여 정하기

여전히 가족 구성원으로서의 존재 가치와 참여

'졸혼 별거'라고 하여 몸이 떨어져 홀로의 삶을 사는 동안 가족의 책임을 져버리는 경우는 있을 수 없다. 만약 이것을 원하는 것이라면 '졸혼'의 시도는 필요가 없다. '졸혼'은 이를 통해서 한번 벌어질 법한 홀로의 삶을 경험해보는 데에 의미가 있으므로, 기본 책임감을 잊지 말아야 한다. 예를 들어 가족의 행사(졸업식, 가족 생일잔치, 결혼식 참여 등), 정기적 미팅을 통하여 함께 의논하고 참여가 가능하도록 조정하는 것이 필요하다.

기간 종료 후 점검, 미래 설정의 방향 찾기

부부 쌍방이 합의한 '행복찾기 레터'에 기재된 종료 기간이 되면 가족 미팅을 통해서 기간을 조금 더 연장할지, 가정 내부로 컴백할지, 다른 대안을 마련해볼지 의논하여 다시 합의하도록 한다.

졸혼 저니는 졸혼 별거 여행

'별거'란 따로 거주하는 자체만을 의미한다. 졸혼은 여기서 더 나아가 마음의 자유를 얼마간 더 허락하는 것으로서, 혼인 생활에서

벗어나 싱글처럼 살아보는 것에 의미를 두어 혼인을 졸업한다는 의미다. 자유를 허락받고 떠나는 별거 생활은 유배라기보다는 허락된 여행 같은 느낌이다. 그래서 졸혼 별거는 여행을 떠나는 '졸혼 저니(Journey)'다. 부부가 함께 살면서 서로 '졸혼하고 싶다'라고 여러 번 고심한 적이 있다면, 이것은 시끄럽고도 반복적으로 싸울 상황을 삭제시키는 '대안책'이다. 부부가 원활히 대화하고 '졸혼 저니'를 선택하는 것은 결과적으로 가정을 위하여 행복한 길이 될 수도 있다. 아내와 남편이 자유롭게 숨을 고르며 부부의 화합을 재고할 수 있는 시간과 공간적인 여유를 주므로, '졸혼 저니'를 별거라고 나쁘게 볼 일만은 아니다. 결과적으로는 '새옹지마'가 될 수도 있으니까.

함께 살던 가족이 흩어진다는 것은 각자에게 상당한 타격이다. 그러나 멀어진 관계가 조정되지 않아 더 많은 고난이 있다면 졸혼은 현명한 방법이 될 것이다. 우선 '졸혼해도 될까?'라고 물음을 던져보라. 둘 다 '그래도 좋겠다!'라면 확실하게 선택을 내릴 때이다. 동거에서 별거로의 이동. 새로운 구성을 시도해봄직하다. 다만 가족 구성원의 충분한 검토와 디테일한 계획이 필수이다.

비졸리의 말!

졸혼 저니는 왕복 티켓을 가지고 떠나는 졸업 여행이다.

얻는 것과 잃는 것

'졸혼'에서 얻는 것은 무엇일까? 졸혼을 하려는 사람들은 졸혼의 장점과 단점을 알아보고 싶어 할 것이다. 그래야 '손해 보는 장사는 아닐까……' 하는 의심을 물리칠 수 있다. 그래서 말한다. '졸혼'은 '이혼'보다 훨씬 플러스이고 피곤함에 지친 결혼 생활에 비교해도 역시 플러스라는 것을.

사람마다 '졸혼'을 하는 이유가 다를 것이라 생각한다. 현재 자신의 상황을 잘 직시해야 한다. '졸혼과 이혼'을 먼저 비교해보고, '졸혼과 결혼 생활'의 차이점도 비교해보자. 얻는 것들과 잃는 것들을 확인하면 확신이 설 것이다. 이때 핵심 포인트는 계속 '안 좋은 상황'에서 맴돌지 말아야 한다는 것이다. 더 나아짐을 위하여 실천하라. 변화도 없이 제자리에서 걷는 것은 '나아짐'이 없다.

'졸혼'을 잘하려면 이혼의 단점도 알아야 하고, 지친 결혼 생활을 계속 유지하는 것에서 오는 부작용도 알아야 한다. 아래와 같이 하나씩 종이에 적어보면 비교가 쉽다. 장단점을 파악하게 된다. 머리로만 생각하지 말고 기록해보기를 권장한다.

이혼과 졸혼의 비교

이혼하면 가족이 영구적으로 분리된다. 법적으로 배우자 외 자녀와도 분리될 수 있다. 졸혼하면 가족이 한시적으로 분리된다. 법적으로 자녀와 배우자는 그대로.

이혼하면 가족의 삶 또는 본인 삶을 위한 경제적 책임을 혼자 책임져야 한다. 졸혼하면 가족의 삶을 위한 경제적 책임을 배우자와 함께 공동으로 책임진다.

이혼하면 떨어진 가족과의 대화 교류가 거의 불가하다. 졸혼하면 떨어진 가족과의 대화 교류가 언제든 가능하다.

이혼하면 양육과 부양을 한 명이 맡아서 한다. 졸혼하면 양육과 부양을 두 사람이 함께 협동해서 한다.

이혼하면 재산을 분할해야 한다. 졸혼하면 재산을 이전대로 공동으로 관리한다.

지친 결혼 생활과 졸혼 휴식의 비교

지친 결혼 생활을 계속하면 부부 불화로 인해 가족들이 불행하다. 졸혼 휴식을 하면 싸움이 중단되고 가족들에게 평화가 온다.

지친 결혼 생활을 악화된 채로 계속하면 막바지에 이혼으로 직행할 수 있다. 졸혼 휴식을 하면 막바지까지 악화되기 전에 조절할 수 있는 기회가 온다.

지친 결혼 생활을 하면 할수록 자유 대신 구속만 심해진다. 졸혼 휴식을 하면 구속 대신 자유가 생긴다.

지친 결혼 생활을 하면 신선함이 없고 새로운 것을 하고자 하는 의욕도 없다. 졸혼 휴식을 하면 새로움을 위한 에너지가 생성된다. '자아성취'도 가능하다.

지친 결혼 생활을 변화 없이 그대로 계속하면 미래가 밝아지지 않는다. 졸혼 휴식을 하면 미래를 개선할 수 있는 기회가 온다. 희망이 꿈틀거린다.

'달콤한 휴식'이 존재하는 '개인 세팅'

결혼 생활의 전투에 치열하게 사는 아내와 남편을 응원하고 싶다. '잘 견디며 살고 있습니다!'라고 등을 토닥여주고 싶다. 그들에게 커피 한 잔과 아름다운 음악 그리고 안락한 의자도 권하고 싶다. 달콤한 휴식을 선사하고 싶다. '졸혼'은 휴식이다. '졸혼의 휴식' 안에는 커피도 있고 음악도 있고 편하게 한 숨 돌리며 쉴 수 있는 팔걸이 흔들의자도 있다.

개인의 공간이 세팅된다

'졸혼'의 신선함은 첫째로 개인의 공간을 얻는 것으로부터 확 달라진다. 집 안에 함께 기거하게 되면 각자의 방을 얻게 된다. 또는 외부로 분리된 공간이 생기면 자유는 더 많다. 공간의 자유는 '나를 지켜보는 눈에서 자유롭게 된다'는 의미다. 홀가분하게 행동하는 것으로부터 사사건건 신경전이 되는 피곤함이 사라진다. 나만을 위한 진정한 '셸터(안식처)'이다. 자유로운 창작 활동을 하는 '예술가'가 된 느낌이 들 것이다.

개인의 시간이 세팅된다

내가 일할 수 있는 시간과 자유롭게 행동할 수 있는 시간을 '나 자신'이 설정한다. 일할 때는 열심히 일하고 여가시간은 '삶의 엔돌핀'을 만드는 재미있는 것들로 계획해본다. 하루가 그대로 24시간인데 이상하리만치 이전보다 바쁘지 않게 된다. 여유로움이 더 생기고 피곤하지 않은 것처럼 느껴질 것이다.

개인의 꿈이 세팅된다

힘든 일을 하고 있어도 앞으로 더 멋진 나를 꿈꿀 수 있어서 좋다. 잃었던 '자아'를 찾았으므로 그 자체로도 꿈이 이루어진 듯하다. 그간 숨겨져 있던 소망들이 비 온 뒤의 무지개처럼 찾아온다. 하고 싶은 일들이 떠오르고 그것들을 '맘대로 해보는 것' 자체가 꿈을 하나하나 이루는 것이다.

개인의 즐거운 '현재'가 세팅된다

하루하루의 숙제처럼 여겨지던 '현재'가 이제는 즐겁기만 하다.

나의 발전을 위한 과제가 더 이상 힘들지 않다. 잘하면 칭찬을 받고 보상이 온다. '자화자찬' 그리고 '행복'이다. '나'를 위해서 '내가 사는 삶'이 즐겁기만 하다.

개인의 행복한 미래가 세팅된다

내가 노력하는 만큼 미래는 '플러스 희망적'이다. 덤은 '나의 미래를 위해 내가 만드는 '성취'이다. 더 나은 직업을 위한 준비를 해본다. 나의 성공을 위한 능력 개발을 계획해본다. 적합한 미래의 삶을 조명해본다. '홀로서기'가 잘 준비되면 무엇이든 두렵지 않은 내가 될 수 있다. 그래서 주인공인 내가 포함되어 있는 모든 삶은 당당하고 행복해진다.

달콤한 휴식을 위하여 '세팅'된 것들은 잘 누리고 잘 이용할 줄 알아야 한다. 빠뜨리지 않고 기억할 것은 더 나은 모습으로 '가정 복귀'를 꾀할 것. 휴식에 관한 매뉴얼을 잘 알고 실천하는 '졸혼의 휴식'은 다가오는 삶을 가치 있게 만들 것이다. 미래의 결혼 생활을 개척하는 슬기로운 사람으로 거듭나게 한다.

비졸리의 말!

졸혼은 '고장 난 이혼'과 '피곤한 결혼 생활'이 쉬었다 가는 고속도로 휴게소이다.

PART 2

알고 실천하면 괜찮아지는 유익한 조언들!

• 1장 •

당당한 이혼 라이프

좋은 것만 기억하기로

시간이 많이 지나도 잊히지 않는 기억들이 있다. 아주 좋은 기억, 아주 마음 아픈 기억, 아주 특별했던 기억…… 내게는 2019년은 아주 특별했던 기억과 아주 마음 아픈 기억이 함께했던 해였다. 2019년 5월 내 나이 50이 넘어서 사랑하는 아버지를 여의었다. 늦둥이 막내로 태어난 나는 부모님 사랑을 오래오래 듬뿍 받고 자랐다. 아니, 듬뿍 받으면서 자라서 또한 늙기까지 했다. "아버지, 막내가 지금 몇 살인지 아세요? 벌써 50이 넘었어요" 하며 아버지 앞에서 '쉰 아이'가 되어 재롱을 떨었다.

나의 아머지는 90이 넘어서 돌아가셨다. 주위 분들은 '장수하셨네, 호상이야 호상!' 하며 위로해도 나는 정작 위로받지는 못했다. 나는 아버지를 보내드릴 마음의 준비가 되어 있지도 않았고, 그것은 저리도록 아픈 기억으로 내 정신을 잔뜩 지배하고 있었기 때문이다. 사랑으로 돌봐드렸건만 잘해드린 일보다는 아쉬움만 더 많았다.

나는 기도하기 시작했다. "제발 좋은 일만 기억하게 해주세요." 그러고 나서 마음 아팠던 나쁜 기억들을 조금씩 의도적으로 다른 기억들로 대체해갔다. 아버지의 따뜻한 손을 잡던 일, 손톱을 깎아드리고 건조한 다리에 로션을 발라드리던 일, 슈퍼에서 '바나나킥'을 사다드리면 맛있다고 좋아하시며 드시던 모습, 짜장면을 포장해 가서 부모님과 함께 정겹게 얘기 나누며 먹던 모습들. 더 강하게 남는 좋은 일들은 나쁜 기억들을 충분히 오버랩할 수 있었다.

나쁜 기억에서 빨리 탈출하는 방법

가족의 구심점이 되는 아내와 남편이 헤어지는 것이 이혼이다. 이것은 좋은 기억들보다 근간의 나쁜 것들로 가족들의 기억을 점령하고 있을 것이다. 과거의 좋은 기억들은 이미 희미해져 있을 수 있다. 나쁜 것들로 인해 빛을 보지 못하고 있을 것이다.

'이혼'이라는 단어 자체로도 고통의 기억이다. 부부 각자에게 일생일대의 큰 전환점이 된다. 결혼만큼이나 '중대사'이다. 남녀가 만나 함께한 삶이 짧게는 몇 개월, 길게는 수십 년이 된다. 같이 먹고 자고 모든 역사를 함께 겪은 가장 가까운 동료이자 가족이다. 그런 사람과 결별을 하는 일이다. '큰일'임이 확실하다. 헤어지고 나면 가는 곳곳마다 보는 물건마다 많은 기억들이 생생하다. 함께 먹던 음식만 보아도 같이 듣던 음악 소리가 나도 얼굴이 떠오른다. 의미 있는 모든 사물들마다 '미운 얼굴'과 '나쁜 기억'도 겹쳐서 보인다. 때로는 그 생각을 '리플레이'하다 2~3분은 멍하니 있을 것이다.

나쁜 장면이 튀어나올 때마다 좋은 장면으로 바꿔치기하는 기술을 익혀보자.

'그건 지난 일이야. 과거는 그냥 과거일 뿐!'이라고 생각하기

지난 일은 눈앞에 있지 않다. 현재의 삶에 흔적으로 남아서 영향은 끼칠지라도 본인의 의지로 얼마든지 극복할 수 있는 일이다. 과거는 과거일 뿐 현재에 닥친 일이 아니다. 그리고 앞으로 닥쳐올 미래도 아니다.

'그 일은 자연스레 그렇게 된 거야!'라고 생각하기

의지가 강한 사람은 '운명'이란 단어를 싫어한다. 하지만 이미 벌어진 일을 잊기에는 좋은 단어가 된다. '이것은 이미 정해진 일이었다'라고 생각하면 미련을 빨리 내려놓을 수 있다. 좀 더 홀가분하게 나쁜 기억을 지울 수 있다. 무슨 일의 '잘못이 나에게 있다'는 생각은 그 사람을 오래 괴롭힌다. '그 일은 자연스럽게 벌어질 일이었다'고 생각하자. 용해가 쉬운 긍정적 마인드로 바꾸는 것이다.

'내가 의도했던 결과가 아니야. 그때는 그것이 최선이었어!'

내가 그렇게 하려고 의도를 했던 게 아니라면 나쁜 기억은 내 탓이 아니다. '내 탓이오'를 겸손하게 여기고 생활의 지침으로 살던 때

가 있었다. 나쁜 기억을 지우기 위해서는 반대로 생각해야 한다. '내 탓은 아니다. 나쁜 일이 벌어진 것은 나의 동기로 인한 것이 아니다. 우연히 그렇게 되었다. 그 당시에는 그것이 최선의 방법이었다. 후회하지 말자'라고 생각하는 것이 도움이 된다.

더 이상 집착하지 말자. '내려놓자!'고 되뇐다

'집착'이라는 것은 앞으로 나아가지 못하게 한다. 장애물처럼 가는 길을 더디 만든다. 집착은 발전을 방해한다. 폐쇄적인 생각이다. 집착을 버리고 마음의 평정을 얻자. 더 이상 골똘하게 생각지 말고 털어버려야 한다. 마음의 짐을 내려놓아야 한다.

'앞으로는 좋은 일이 더 많을 거야'

긍정적 마인드컨트롤은 좋은 기운을 준다. 과거를 생각할 때 고개를 가로로 젓고, 미래를 생각하면 된다. '아니, 그건 지난 일이잖아. 앞으로! 미래를 생각하자' 이렇게 하면 된다. '내일부터는 모든 것이 더 잘 될 거야'라고 미래를 축복하는 말도 만들어보자. 생각대로 이루어질 확률이 더 많다고 믿으면 더 잘된다. '꽃길만 걸을 거야. 꽃길이 아니면 내가 노력해서 만들면 되지'라는 인생 희망이 담긴 문장도 중얼거려보자. 자기 최면의 말은 행동에 자신감을 준다.

좋은 것만 기억하자

과거의 안 좋은 기억에 휩싸이면 그것을 벗어나는 데에 에너지가 많이 소모된다. 오래된 옷장을 정리하듯 낡고 오래된 것들은 버리자. 아직 쓸 만하고 편한 옷들은 남겨두는 것처럼 쓸 만하고 편한 기억은 남겨두자. 언제든 필요할 때 걸쳐 입고 활동할 수 있도록. '나쁜 기억은 더 이상 내 인생에 영향을 줄 수 없다'라고 확신을 가지면 좋다. 그 기억을 밖에 버리는 순간 나의 머리에서 지워버려야 한다. 나쁜 기억에 더 이상 나의 희망을 빼앗기면 안 된다. 좋은 기억만 남기고 나쁜 것들은 대담하게 정리하도록 하자.

과거의 나쁜 기억을 오랫동안 가지고 있으면 자신을 좀먹고 괴롭히게 되므로 평화롭지도 못하다. 그것은 수시로 마음의 영화관에서 재생된다. 나쁜 기억에 사로잡히는 것은 인생의 시간낭비다. 마음대로 삭제와 재생이 안 된다는 것은 알지만, 좋은 것만 기억하기 위해서는 본인 나름의 지혜로운 방법을 고안해야 한다. 당당하고 자립적으로 살기 위해서는 과거에서 탈피하는 방법을 찾아야 한다. 의도적으로 나를 움츠려들게 하는 동굴에서 빠져나오라. '기억의 작동법'을 익혀라. 나쁜 것은 빨리 '삭제 버튼', 좋은 것은 오랫동안 '저장버튼'. 오블리비아테—좋은 것만 기억하기로!

비졸리의 말!

지난 일들은 허락 없이 귀환하지 않는다. 오직 우리의 기억을 통해서만 귀환한다. 아무리 나쁜 일이었더라도 기억하지 않으면 '과거'는 그저 과거에 머문다.

해결은 최소한의 트러블로, 잃는 것은 최소한의 리스크로

"너희가 이혼하면 애들은 어쩌고! 사는 것은 어찌 감당하려고 이러는겨……" 눈물을 흘리며 말리는 친정어머니의 안쓰러움을 뒤로한 채 나는 이혼을 결행했다. 아닌 것은 시간이 지나도 역시 아닐 거라는 생각에. 그리고 나는 연이어 빠르게 머리를 굴려보았다. 어찌하면 최소한의 문제로 이 고문스러운 사건을 끝마칠 수 있을까……. 이것은 단지 쉬운 문제가 아니었다.

내가 남편에게서 물질적으로 많이 받고 말고의 해결 문제가 아니었다. 서로에게 앞으로 벌어질 문제, 자녀들에게 감당될 마음의 문제 그리고 미래에 더욱 불분명해질 듯한 '따로의 삶'이 두려웠다. 잘 생각하고 결정해야 최소한의 피해만을 보고 해결할 수 있으리라 난 결론적으로 생각했다.

셀프 질문하기! Now what are you doing? Does it help?

나는 가장 적합한 방법으로, 헤어짐과 동시에 두 아이의 좋은 공간을 찾으려 했다. 다른 환경에서 도움이 되는 교육을 생각해보았다. 자녀의 외국 유학을 겸하고 나도 먹고살 걱정을 덜 수 있는 사업도 구상하는 외국 이민. 이것이 그 당시에 생각나는 최상의 지혜로움이었다,

타지에 어린 두 아이의 손을 이끌고 간다는 것은 요즘 말로 '맨땅에 헤딩한다'라는 문장으로 통한다. 아는 이 없는 외국에 다섯 살, 열 살의 어린아이 둘을 데리고 떠났던 나. 나의 가족들은 "쟤가 미친게 틀림없어. 겁도 없이…… 어딜 간다고……"라고 혀를 끌끌 차며 이렇게까지 말을 했다.

그러나 나의 의지는 조금도 수그러들지 않고 막강했다. 그리고 확신했다.

'이 시점에서 최소한의 트러블은 이거야. 우리 부부가 떨어져 있으면서 시간을 낭비하지도 않고 미래를 준비하는 방법.'

나는 이민 준비와 이주 계획이 우리 세 식구에게 확실히 최선으로 도움이 되는 방법이었으며, 멈출 필요가 없는 일이었다고 판단을 내렸다. 이곳에 있으면서 나의 가족과 시가의 온갖 간섭에 시달리며 있을 필요도 없었으므로. 주위 사람들의 부정적인 관심사에 오르내리기도 싫었으므로. 오직 내게 필요한 것은 많은 손해를 보지 않고 가족의 평화를 다시 찾을 수 있는 빠른 방법이었다.

당신이 만약 이런 경우에 처한다면 스스로의 상황을 파악하는

'셀프 질문'을 해보자.

- Now 지금 (헤어지는 지금)
- what 무엇을 (환경으로의 도피를)
- are you 당신은 (나는 그리고 나의 아이들은)
- doing 하고 있나요? (하고 있습니다)
- Does it help 도움이 되나요? (이것은 최소한의 트러블로, 최소한의 리스크로 우리를 다시 발전시킬 수 있습니다)

상처가 덜 남는 선한 종결

지금에 와서 생각해보니 나의 결단은 참으로 지혜로운 결정이었다. 3년의 유학 생활이 도피라면 도피일 수도 있지만, 나와 두 자녀는 외국어의 혜택과 문화적인 '업그레이드'가 되었다고 단언한다. 또한 '대자연의 힐링'으로 마음의 평화를 얻었다.

미래를 위한 '퀄리티'를 함께 갖추는 준비도 할 수 있었다. 더불어 서양 문화를 접한 두 아이는 우리 부부의 이혼에 관해서도 한국 아이들보다 이해력이 더 많아졌다. 엄마 아빠가 어째서 헤어졌으며, 떨어져 사는 것이 서로에게 더욱 행복한 길이었음을 다들 이해해주었다. 아빠의 공석을 자주 그리워하긴 했으나, 그것은 그들이 최소한으로 겪어내야 하는 필수적인 극기 과정이었다.

나는 최소한의 트러블로 헤어짐을 종결했으며, 그것은 상황에 따른 빠른 판단이며 최소한의 '리스크'였다. 따라서 머지않아서 나의 미래를 다시 정상궤도에 올려놓을 수 있었다.

이혼이라는 결정 앞에서는 나아가야 할 방향조차 바르게 잡기 어려울 수도 있다. 상대가 '미운 자'로 인식되는 인간적인 해결 방법이 갑자기 실종된다. 감정에 치닫는 순간 나의 이익을 우선으로 생각하게 된다. 물질적으로만 모든 일을 처리하려 할 수도 있다.

'이혼'은 혼란스러운 두려움보다는 자신감을 가지고 마주서야 한다. 당당한 마음으로 해결해야 할 과제를 직면해야 한다. 지혜로운 해결 방법을 나서서 찾아야 한다. 그리고 여러모로 생각해보아야 실수가 없다. 어떤 방법이 서로에게 가장 최소한의 '리스크'를 가져올지 꼭 비교해보고 결정하기 바란다. 더불어 이왕이면 '악한 종결'보다는 서로에게 '선한 종결'의 방법인 것으로 하라. 상처가 덜 남는 '유종의 미'를 거두기를 조언하고 싶다. '상처'도 '증오'도 언젠가는 시간 안에서 희석되어 사라지게 되어 있다. 어려움을 극복하고 자비로움으로 베푼 값은 미래의 '축복받는 일'들로 그 자리를 다시 메울 수 있으리라 생각한다.

비졸리의 말!

이혼의 해결 방법은 '상처'도 '증오'도 '리스크'도 모두 최소가 되어야 한다.

부부에서 지인으로 웃을 수 있게

이혼하고 나서 전 배우자를 만난다면 과연 웃을 수 있을까? 나는 헤어지기 전 배우자와 종지부를 찍으며 이런 소망을 담았었다.

'헤어진 뒤 마주쳤을 때 적어도 웃을 수 있을 마음의 여유는 남겨 두자', '아주 악하게는 헤어지지 말자. 사랑했으므로……'.

이혼은 부부가 인연을 맺고 살아가다가 더 이상 살 수 없을 때 한다. 이혼까지 진행할 경우 과거의 '러브스토리'는 온 데 간 데 없어진다. 결혼 생활의 막바지에 이르면 배우자는 말한다. 실수라고! 사랑이 실수로 치부되기도 한다. 이혼 후 당장은 현재와 미래가 더 눈에 들어온다. '나랑 헤어진 사람, 헤어질 사람'과는 예의고 뭐고 신경 쓸 겨를이 없을 것이다. 그러나 인생은 단편이 아니다. 과거로부터 흘러온 인생 이야기는 연결고리가 된다. 그것이 좋든 나쁘든 나에게 영향을 끼친 것들이다. 현재와 앞으로의 스토리와도 연결이 된다. 내가 사랑했던 것들, 사랑했던 사람들이 그 안에 배경으로 남아 있다. 이 사실들을 지나간 내 인생 이야기의 중요한 일부분으로 받아들이자. 그러므로 헤어진 Ex-wife(전부인)나 Ex-husband(전남편)에 대한 최소한의 예의는 지켜주었으면 한다. 그것이 곧 나를 귀하게 여기는 행동이다. 내가 선택하고 함께 오랜 시간을 해왔던 존재이므로. 그 존재를 깡그리 부인하는 것은 나를 부인하는 것과 같다. 서로가 최소한의 에티켓은 지켜주길 바란다. '생각 모드'를 바꾸면 이것을 지키는 것은 어렵지 않다. '적'에서 '지인'으로.

생각 모드 바꾸기

에티켓을 지키는 이유 : 과거의 '메인 캐릭터'

'에티켓'을 지키라는 것은 사랑했던 사람에 대한 예우라고 생각하자. 나에게 대우받지 못할 행동을 해서 헤어진 배우자가 있다. 본인이 잘못해서 헤어지는 경우도 있다. 다 끝난 마당에 '잘잘못'을 다시 따지지는 말자. 내가 함께했던 주인공이었다는 것만 인정하면 된다. 기본 예의는 이것이 서로의 마음에 깔려 있어야 행할 수 있다. 베이직 트리트먼트, 기본 관리가 되는 '최소한의 예의'이다.

그저 아는 사람, '지인'

우연히 전배우자와 만날 일이 생긴다면? 이제는 내 배우자가 아니다. 그저 아는 사람을 만나면 어떻게 행동하는지만 생각하면 답이 나온다. '잘 지내? 날씨가 좋네!' 정도는 인사말로 건넬 수 있다. 그 사람의 생활사를 꼬치꼬치 물을 필요가 없다. 나의 자세한 얘기를 털어놓을 필요도 없다. 특별히 의논할 일이 없다면, 지인을 만났을 때처럼 '그냥 나이스'하게 행동하면 된다.

'증오'로 널뛰지 않기

얼굴을 보는 순간, 목소리를 듣는 순간 '생각 모드'를 점검하자. 연결되는 순간 증오는 꺼버려야 한다. 증오가 함께하면 모든 일을 그르치기가 쉽다. 할 말도 제대로 못하고 소리만 꽥꽥 지르다가 끝나버리는 경우도 있다. '전부인', '전남편'을 만나는 이유는 목적이 있어서이다. 목적에 맞게 차근하게 행동으로 옮기려면 '증오'라는 단어는 빼버리고 덤덤하게 대하도록 노력해야 한다.

평정 고정시키기 : 항상 마음의 평정을 유지한다

이혼 후 싱글로 살아가면서 전배우자가 생각나는 일이 있다. 그럴 때마다 마음이 어지러워지면 '명랑'은 후퇴하게 된다. 앞으로 밝게 나아가지 못한다. 자꾸 에너지를 뺏긴다. 피해의식이 자리 잡는다. 마음의 평정을 침착히 유지하자. '나쁜 기억을 담기 바로 10분 전의 나는 어떠했는가?'라고 생각해보자. 전배우자와 대화를 하더라도 싸울 감정은 삭제하고 말하면 좋다. 평정 유지를 못하면 하고자 했던 대화도 '삼천포'로 빠지게 되므로. 평정 유지는 갈 길을 바로 갈 수 있게 돕는다. 또한 스트레스를 감소시킨다.

불필요한 질문은 삼가자

개인사를 간섭하고 이래라저래라 하는 것은 부부일 때 가능하다. 책임질 사항이 있다면 서로 간에 그것만 잘하면 된다. 그 이상으로 이러쿵저러쿵 간섭할 필요도 없다. 반대로 간섭받을 의무도 없다. 서로가 개인사를 들여다보지 않음이 복잡해지지 않아서 좋다. 본인 일에 충실한 것이 더 유익하다.

과거사 빗장 걸기 : 종지부를 찍은 후에는 과거를 늘어놓지 않는다

이혼 후에 만나서 과거 얘기를 하면 싸움만 한다. 좋은 스토리가 아닐 경우가 많기 때문이다.

가족들이나 주변 사람들에게도 전배우자의 험담은 '스톱'이다. 더 이상 꺼내놓지 않는 것이 현명하다. 되씹고 씹어봤자 '제 얼굴에 침 뱉기'다. 지난 이야기를 추억 삼아 말할 부분이 없다면 말하지 않는 게 좋다. 앞으로 서로간의 협조가 필요하다면 그것을 의논하자. 앞으로 책임과 의무 관계로 코-워커(co-worker)가 될 일이라면 대화는 미래지향으로. 과거사는 역사에 기록한 정도로 OK!

미소 지으며 말할 수 있는 당당함

화내고 증오하기는 이혼하기까지의 과정들이었다. 그것들은 그 이후로는 버리는 것이 좋다. 그간의 시간들이 아깝고 낭비였다고 생각한다면 이미 지났다. 괴로웠던 일을 끝냈으니 앞으로는 인생의 밝음이 올 것이다. 이전의 괴로웠던 인생보다는 훨씬 나아질 것이

다. 그러니 웃을 수 있다. 이런 자신의 모습을 당당히 보여주자. '나는 여유 있게 미소 지을 수 있다'는 것을.

'코-에티켓'은 한 사람만의 힘으로는 유지되지 않는다. 서로 여유 있는 마음으로 대할 수 있어야 한다. 이혼 후 자립과 상관이 있다. 어려움을 이겨내고 당당하게 삶이 이루어지고 있다면 웃을 수 있다. 과거는 과거로. 현재에 영향력을 더 이상 끼치지 않는 채로 남겨두면 된다. 그러나 나의 인생에 중요한 사람으로 존재했던 사람에 대한 예의는 잊지 말라. '미운 사람, 나를 힘들게 했던 사람'이란 생각도 과거에 놓아두면 좋다. 과거의 피해에 사로잡혀 있으면 발전하는데 장애가 생길 수밖에 없다. 훌훌 털고 '쿨하게' 맞서야 한다. 가까이에서 편하게 대했던 사람이 대면하기 어려운 사람이 아니기를 바란다. 여전히 지인같이 편할 수 있으면 좋겠다. 당당함이 있으면 좋을 것이다. 전부인과 전남편은 나의 인생 역사 속에서 사랑했던 사람이었다. 함께하는 'Ex 코에티켓', 내가 먼저 솔선수범하면 어떨까?

비졸리의 말!

상대방을 존중하는 것은 곧 나를 존중하는 것이다.

내가 타인을 존중하는 만큼 그 사람도 나를 존중하게 된다.

이혼 안전장치 세팅하기

사람이 미워지면 잠시 잠깐 같이 있기도 싫어진다. 그래서 우리는 홧김에 이혼하는 경우도 있다. 당분간은 '앓던 이 빠진 격'으로 꼴을 안 봐서 좋을지 모른다. 그러나 시간이 갈수록 본인의 경솔함에 땅을 치고 후회하는 상황이 올 수도 있다. 보다 안전한 이혼 생활을 위해서 기본적인 여건은 필요하다.

안전한 이혼 생활을 위한 여건 마련하기

열중할 수 있는 일 확립 : 무얼 해야 재미있고 보람 있게 살 수 있을까?

직장 일이나 취미 특기 등 본인이 몰두할 수 있는 일이 있어야 한다. 그래야 이혼 후 오는 불안감과 외로움을 쉽게 극복할 수 있다. 생활 유지를 위해 딱히 직업을 가질 필요가 없다면 취미라도 좋다.

내가 즐거이 내 시간을 할애할 수 있는 무언가를 찾아야 한다. 그렇게 하면 무료한 시간과 혼란이 오는 시간을 물리칠 수 있다. 사는 하루하루가 빨리 지나간다. 보람으로 행복함이 쉽게 온다.

경제적 안정 : 무얼 해야 잘 먹고 잘살 수 있을까?

살기 위해서는 돈이 필요하다. 먹고사는 문제는 기본 생활에서 필수이므로. 가지고 있는 재산이 쓰고 남을 정도로 넉넉하면 돈 벌 걱정이 없다. 그러나 당장 생활비가 충분치 않다면 이혼 전 경제력을 확보해놓아야 한다. 튼튼한 직장을 구해야 한다. 자영업 준비를 한다거나 취업을 위한 자격증 확보도 좋다. 미리미리 자립의 삶에 대처해야 안전하다. 그래야 부수적으로 다른 일들도 즐겁게 할 수 있다.

가족 부양 문제 해결 : 어떻게 해야 나의 가족을 잘 돌볼 수 있을까?

돌보아야 할 가족이 있을 경우에는 이혼하기까지 크나큰 걸림돌이 된다. 이혼 후에도 부담이 되는 책임으로 느껴지기도 한다. 누가 돌볼 것인지, 본인이 돌본다면 경제적 지원은 받아서 생활할 수 있을지, 배우자로부터 얼마 정도 지원이 가능할지. 자녀나 부모의 부양 문제가 있을 때는 부부간의 합의가 첫째이다. 합의가 안 될 경우에는 법적인 도움을 받아 합법적인 결정에 따르는 것이 좋다. 어느 상황이든 미리 생각해두어야 실제 상황에서 꿋꿋할 수 있다.

가족이나 친구의 유대 관계 : 누가 나의 몸과 마음을 돌봐줄까?

이혼 전에는 나의 배우자가 보호자였다. 배우자는 가족이었으나 이혼으로 생활 분리가 이루어진다. 이혼 후의 빈자리를 자꾸 상기하는 것은 우울할 수 있다. 그것보다는 남아 있는 가족과의 유대 관계를 굳건히 하면 좋다. 항상 내 편이 쉽게 되어주는 사람들은 가까운 가족이다. 그리고 그들에게 위로와 응원을 받는다면 다시금 힘이 솟을 것이다. 가족이 가까이 없다면 친밀한 친구와 의지하며 지내는 것도 좋다. '가까운 친구가 가족보다 낫다'라는 말도 있다. 친밀한 사람의 따뜻한 위로는 다친 마음의 회복을 빠르게 돕는다.

건강관리 : 어떻게 해야 나의 건강을 꾸준히 지킬 수 있을까?

위기가 왔을 때 버틸 수 있는 몸은 활동의 소산이다. 그래서 몸의 건강은 굉장히 중요하다. 특히 가족 없이 혼자 지내야 하는 경우라면 더 중요한 것이 건강한 '몸 생활'이다. 잘 먹고 잘 쉬고, 규칙적인 운동으로 몸을 관리해야 한다. 몸이 건강해야 정신 건강도 지킬 수 있다. 건강해야 한다. 그래야 하고자 하는 활동도 열심히 할 수 있다. 움직일 수 있는 힘은 몸의 건강에서 활력이 나온다.

삶의 목표 정하기

목표가 있는 삶과 없는 삶은 상당한 차이가 있다. 우리가 버스를 타더라도 목적지가 있어야 한다. 목표 없이 가는 사람은 어디로 가야 할지 갈팡질팡 흔들리는 삶을 산다. 작은 목표라도 세워야 그것을 향해서 가려는 희망이 생긴다. 목표가 있는 삶은 즐겁다. 목표를 달성하면 즐거움과 보람은 추가 보너스로 온다.

여러분은 '삶은 결코 만만하지 않다'는 것을 알 것이다. 이혼은 아내와 남편, 둘의 협동 생활에서 하나의 생활로 분리되는 것이다. 둘에서 하나로 쪼개진다는 것은 큰 변화이다. 편리한 변화일수도 불편한 변화일 수도 있다. '당당한 홀로서기'를 해야 편리한 변화가 된다. 생활의 기반이 이루어지지 않으면 불편해질 수밖에 없다. 이것은 '우울한 홀로서기'가 된다. '나의 삶'을 안전하게 지키기 위해서 잘 생각해보아야 한다. 혼자 살면서도 쪼그라들지 않게 어깨 펴고 살 수 있는 방법은 무엇일지. 그러기 위해서는 무턱대고 이혼의 진행은 지양해야 한다. 이혼 후 홀로 설수 있는 생활력 준비는 필수가 된다. '내가 어떻게 하면 당당하고 안전하게 살 수 있을지'를 생각해 보아야 한다. 기본적인 이혼 안전장치는 꼭 마련해야만 한다. 이것은 당당함을 위한 필수 사전 장치임을 명심해야 한다.

비졸리의 말!

이혼 안전장치는 새 삶을 살기 위한 배터리 충전이다.

이혼 미니멀 라이프

나는 개인적으로 버리는 것을 좋아하지 않는 사람이다. 특히 선물로 받은 것은 메모지 하나도 버리지 않고 모아둔다. 옷에도 의미가 있으면 낡아도 버리지 못한다. 어느 날 문득 나를 돌아보았다. 수납장이 점점 좁아지고 '방을 넓혀야 숨 쉬며 살겠다'라는 생각이 들자 마음을 고쳐먹기 시작했다.

'오래되고 꺼내보지 않는 것은 비워주자. 머릿속을 비우면 홀가분해지듯, 비워야 새로운 것들도 담을 수 있으니까.'

버리는 시기는 꼭 계획하지 않아도 자연적으로 돌아온다. 새로운 해가 시작되기 전, 이사를 가기 전, 새로운 가구를 들이기 전. 이혼이란 타이틀도 마찬가지고 해석하기 나름이다. 이혼이란 '낡은 것이 가고 새로움이 오는 것', 이것도 괜찮은 의미가 되겠다. '비 온 뒤

다시 화창'으로 생각하면 좋다. 어둡고 칙칙한 것들은 모두 버려보자. 쓰레기통에 버려도 되고, 재활용 박스에 버려도 된다. 사용할 필요가 없는 것들도 버려야겠다. 불필요한 물건을 미련 없이 버리자. 내 마음의 불필요한 것들도 함께 버리자. 미움, 증오, 질투 등 내 마음의 공간을 우울하고 커다랗게 차지하던 것들.

내려놓고 단순하게 살자

사사키 후미오의 책 《나는 단순하게 살기로 했다》의 책 표지 사진이 기억난다. 텅 빈 방에 네모난 탁자 하나. 그 위에 김이 모락모락 나는 밥공기 하나. 그리고 그 위에 젓가락이 '차려 자세'로 나란히 올려져 있었다. 그 사진을 보자마자 머리가 온통 시원해지는 느낌이었다. 깔끔하고 단순함에서 오는 마법이었다. 미니멀 라이프의 삶은 단순함을 추구한다. 가지고 있는 것을 최소화한다. 욕심대로 늘리는 것이 아니다. 간소하게 줄여가며 사는 방식이다. 소유욕을 버리고 얽매이는 삶을 버리는 것이다. 욕망이란 '채워도 채워도 만족이 없는 것'이라는 굴레에 갇힌 듯하다. 굴레에서 벗어나려면 욕심을 우선적으로 버려야 한다. 마음을 비우면 적은 것을 가지고도 쉽게 만족으로 가는 삶을 살 수 있다.

미니멀 라이프란 필요한 최소한의 것만을 가지고 살아가는 형태이다. 맥시멀(최대한의)의 반대이다. 한국인은 미니멀보다는 맥시멀을 좋아하는 민족이다. TV도 큰 것, 냉장고도 큰 것, 집도 큰 것. 그러나 시대가 변해가고 있다. 단순한 삶을 동경하는 사람들이 생겨

나고 있다. 시대가 복잡해서일까? 우리는 숨쉬기 위해서 버리기를 택한다. 버리고 내려놓고 단순히 살기를 원하는 사람들이 많아졌다. 갑갑함을 떨쳐버리고 살기를 원한다. 많은 것들에 둘러싸여 복잡하고 스트레스에 찌들어 있기 때문인 듯하다. 미니멀(최소한의)은 왠지 사람의 마음을 편하게 한다. 많이 가지면 행복한 게 아니니다. 가진 것으로부터 문제들이 발생할 여지가 많다는 아이러니한 생각이 든다. 내려놓고, 버리고, 비우고의 욕심 없는 삶이 더 쉬울 것 같다.

삶을 단순하게 만들기 위한 이혼 후의 미니멀 라이프

부부가 함께 쓰던 커플용품을 싱글 용품으로 바꾼다

부부가 함께 쓰기 위해 남녀의 커플 물품과 대용량 제품들이 있을 것이다. 이제는 '대용량으로 오래 쓰자'라는 생각을 버리자. 커플 매칭 용품이 때깔이 난다는 생각도 접자. 혼자 사용할 수 있는 싱글 용품으로 바꾸는 것이 좋다. 바꾸는 순간 혼자임을 의식하게 된다. 처음에는 허전할 수도 있겠으나 의도적으로 행동해본다. 시간이 지나면 자립심이 자리 잡는다. 그리고 당당한 싱글이 느껴진다. 실내용 슬리퍼도 하나, 칫솔도 하나, 커플 찻잔도 하나로. 하나의 묘미에 빠질 수도.

부부가 함께하던 2인용 지출을 1인용 지출로 줄인다

부부 2인을 위하여 소비하던 지출이 확실히 줄어들기 시작한다. 외출 시 두 배로 지출되던 것들을 2분의 1로 줄일 수 있다. 식사도 1

인, 커피도 1인, 영화 티켓도 1인. 꼭 둘이서 해야 하는 것들이 아니다. 이혼 후의 당당함은 홀로인 길을 나서는 것으로부터 시작된다. 혼자 즐기는 라이프도 당당한 자립을 위해서 필요하다.

술, 담배, 군것질을 줄인다

이혼 후 삶이 외롭다고 느껴지면 새로운 생활이 시작된다. 기호 친구가 생길 수도 있다. 기호식품인 술로 외로움을 달래거나 담배로 괴로움을 덜려고 한다. 그러나 그것은 알다시피 백해무익하다. 알면서도 친구하게 되면 몸을 망가뜨린다. 백해무익보다는 백 가지가 유익함을 기호 친구로 삼으면 좋겠다.

불필요한 외부 행사 참석을 줄인다

행사 참석은 잘 생각해보면 '덜 중요함'과 '중요함'으로 나눌 수 있다. '내가 가면 좋은 행사'와 '내가 꼭 가야 하는 행사'가 있다. 계획성 있는 외부 행사 참석으로 시간 절약과 소비 절약이 함께 이루어진다.

타인에 대한 험담이나 간섭을 줄인다

우리는 보통 수다로 스트레스를 해소한다고 생각한다. '수다팅'을 하면 왠지 마음이 홀가분해질 듯하다. 그러나 사실은 그렇지도 않다. 때로는 수다 후 마음이 더 바닥으로 가라앉는 것을 느낀다. 이것을 '수다를 입는다'라고 한다. 좋은 수다를 들으면 즐거움을 입게 되고, 나쁜 수다를 들으면 스트레스를 입게 된다. 타인에 대한 간섭이나 험담을 늘어놓는 미팅이 있다. 그런 장소에 가면 백발백중 스트레스를 얻어온다. 그런 사람과의 미팅 약속은 피하는 것이 좋다. 그 시간에 자신의 계획을 세우는 자가 더 지혜롭다.

이혼 후의 다섯 가지 미니멀 라이프. 이 정도만 줄여도 혼자인 삶이 훨씬 더 가벼워질 것이다. 1번에서부터 5번까지의 실행이 어렵다면, 최소한 2, 3, 5번은 실행에 옮길 것을 권장한다.

미니멀 라이프는 욕심을 내려놓게 한다. 그래서 돈이 많고 적고를 떠나서 행복해질 수 있다. 행복은 마음에서 먼저 오는 것이다. 그리고 물질적인 면은 나중이다. 물질이 행복을 만든다는 생각은 마음이 인생의 주도권을 쥐는 일을 방해한다. 행복한 생각이 행복한 삶을 부른다. 인간은 자신의 생각대로 움직이며 살기 때문이다. 이혼 후의 결심들을 정돈하고 나은 삶을 만들고 싶다면, 우선 다짐부터 잘해야 한다. 내려놓고, 비우고, 줄이는 삶. 간단하게 적게 만드는 미니멀 라이프로 새로운 삶을 진척시키기로 다짐해보자. '작은 것으로부터 큰 것을 이룬다'라는 모토를 가지고 자립적이고 당당한 삶을 계획해보자.

비졸리의 말!

'마음의 짐'은 버릴수록 행복의 공간이 늘어난다.

나에게 집중하기

옛말에 '눈 뜨고 코 베인다'라는 속담이 있다. 이 글은 다산 정약용 선생님이 편찬한 속담집 《이담속찬》에 담긴 글이다. '눈 깜빡임을 빨리하지 않으면 코를 베어간다'는 뜻이다. 살아가는 것이 험난하니 정신을 똑바로 차리고 있어야 한다는 말이다.

세상은 점점 복잡해지고 빠르게 돌아간다. 새로 나오는 신제품 기계도 파악하기 힘들고, 사람은 더더욱 그 속을 모르겠다. 이해하기가 힘들어진다. 간파하기 어려운 다양한 사람들이 어우러져 산다. 변화하는 사회와 여러 사람들에게 빠르게 적응해야 살기가 편해진다.

결혼에 따르는 생활 방식도 달라졌다. 부부라 해도 서로의 개인사에 복잡하게 얽히지 않는 시대이다. 이혼 생활이라고 예전 같을 수는 없다. 이혼 후의 생활 방식도 달라져야 한다. '갈라서면 웬수'가 아니다. 헤어져도 협조할 수 있는 일들이 생긴다. 이혼 후에도 각자의 길을 가며 동지처럼 지낼 수도 있다. '갈라서면 동지'가 되었다. 한 번의 이별로 '아예 안 보고 산다' 대신 '더 이상 이런 일로 내 삶에 피해는 보지 않겠다'는 경험치로 활용하면 좋겠다. 자신에게 집중하면 자동으로 좀 더 좋은 길을 선택하게 된다. 그래서 실수할 확률을 줄일 수 있다. 슬렁슬렁 하는 일과 정신 차리고 꼼꼼하게 하는 것은 다르다. 이혼 후의 생활은 더 잘 챙기는 삶이 되면 좋겠다. 자신을 위한 계획적인 관리가 되면 좋겠다.

우선은 자신의 삶에 집중적인 초점을 맞추자. 그 다음이 주변의 일들이다. '나는 앞으로 어떻게 살아야 할까?' 자문하고 답을 내려야 한다. 무계획보다는 계획 있는 삶이 안전하다. 집중을 요하는 '나의 삶', 크게 세 가지로 나누어 보았다.

이혼 후 나에게 집중할 것들

마음 집중 : 나의 마음을 잘 바라보아야 한다

나의 마음을 어떻게 다독여줄까? 이혼이란 인생에서 어려운 일이다. 이혼의 타격으로 삶의 방향이 뒤틀리기도 한다. 마음의 상처로 잘 나가던 일을 접어버리고 싶은 충동도 느낀다. 잘못한 것이 없는데도 피해를 입고 '트라우마'가 생기기도 한다. '더 이상 사람은 믿을 만한 것이 못 되는구나' 하고 회피 증상까지 생길 수 있다. 이혼을 부정적으로 생각하면 상처투성이가 된다. '나'를 가장 잘 아는 나 자신이 이것을 치료해야 한다. 컨트롤하자. 다시 활기 넘치는 이전의 생활로 끌어올릴 수 있다. '낙담'을 '낙천'으로 바꾸어보자. 포기하지 말자. 마음이 평화로워지는 낙천적인 인생을 펼칠 수 있다. 나의 마음을 제대로 바라보고 원하는 것을 해주면 된다. 나를 위한 휴식을 가져도 좋고 본인 나름의 돌파구를 찾아도 좋다.

몸 집중 : 나의 몸 상태를 잘 바라보아야 한다

내 몸을 위하여 무엇을 해줄까? 큰 충격 뒤에는 마음의 상처와 함께 몸도 망가지게 된다. 예전 같지 않게 활력이 없어진다. 일을 열심히 하고 싶은 의욕도 상실된다. 마치 전등을 켜는 '스타트 전구'가 작동을 하지 않는 듯하다. 삶의 불이 켜지지 않는다. 세상을 비출 준비가 되지 않는다. 몸을 돌보자. 몸을 관리하는 것은 곧 자신을 사랑하는 것이다. 어려운 상황에 처할수록 자신을 잘 돌보고 위로해주어야 한다. 평생 지켜야 할 몸은 소중한 자산이므로.

상황 집중 : 현재의 상황을 잘 바라보아야 한다

결혼 생활과 이혼 생활의 상황은 엄연히 다르다. 이혼 전과 이혼 후의 상황을 재빠르게 간파하자. 최소한의 '리스크'로 삶을 정상화시키도록 노력해야 한다. 당분간은 슬럼프에 빠져서 제대로의 상황 복귀가 힘들 것이다. 그러한 변화를 감지하고 조절해야 한다. 현재의 불행도 긍정적으로 생각하면 삶을 개선할 수 있는 기회가 된다. 없었으면 좋았을 사건이더라도 더 나은 방향으로 '키'를 돌려보자.

가는 곳곳마다 좋은 일들이 생길 수 있다. 다시금 새로운 항해를 시작하고 희망적인 상황도 만들어낼 수 있다. 용기를 가지고 적극적으로 삶을 항해하면 된다.

인생은 호락호락한 것이 아니다. 그래서 정신을 바짝 차리지 않으면 막말로 '삑사리' 날 수도 있다. 이혼 후엔 더더욱 이 말이 실감나게 된다. 나를 돌아보고 주변을 샅샅이 살펴야 하기 때문이다. 직장 일, 가정 일, 개인적인 일들 어느 것 하나도 소홀히 할 수 없는 상황이 된다. 인생의 시간은 나의 괴로움에 휴식 차 멈추어주지 않는다. 초침 분침은 똑딱거리며 계속 돌아가고 있는 것이다. 모든 일은 나에게 '포커스 온'하여 재빠르게 제자리를 잡아야 한다. 휴식기의 치료 후에는 더욱 밝은 미래를 만들 수 있다는 긍정의 다짐을 해보라. 혼자서도 잘해낼 수 있다. Focus on me(나에게 집중하기)! 딴짓 할 겨를이 없다. 정신 차리고 집중! 집중해서 나의 인생항로가 어디로 향하는지 잘 바라보아야 한다. 원하지 않는 방향으로 틀어지는 것을 방지해야 한다. 당장의 삶이 괴롭다고 그냥 맹하니 있지 마라. '나'를 위한 준비를 할 때는 정성들여서 해야 한다. '이혼해도 괜찮아! 난 잘 살 수 있어!'라는 자립심과 당당함을 가지고 돌진!

비졸리의 말!

나에게 집중하면 재빠르게 제자리를 잡고 더 밝은 미래를 만들 수 있다.

꿀리지 않는 당당한 나 만들기

"미혼 때 꿈이 바리스타였어요. 자격증을 따서 아담한 카페를 내고 싶었지요. 이혼하고 나서야 그 꿈을 이룰 수 있게 되었네요."

자주 가는 카페의 사장인 P 씨가 말했다. 그녀는 결혼하자마자 10년 근속하던 직장을 그만두었다. 그 후 전업주부로 시가 일이며 가정 일을 혼자서 맡아 했다. 시가가 워낙 대가족이라서 결혼으로 인해 자신의 일은 할 수가 없었다. 맏며느리의 책임은 빡빡했다. 시가 식구를 돌보기에 바빴다. 가정 살림에 자녀를 양육하느라 항상 바쁘기만 했다. 바리스타 공부를 위하여 몇 시간 정도의 여유시간도 없었다. 학원 다닐 시간이 없었다. 자격증을 딴다 한들 본인을 위한 사업을 차릴 만한 조건이 안 되었다. 아내만을 위한 계획은 없었다. 모든 것이 가족 전체를 위한 계획뿐이었다. 남편의 수입은 부양하는 가족들을 위해서 대부분 지출되었다.

이혼 후 그녀는 더 이상 시가에 시간을 할애하지 않아도 되었다. 부양가족의 반을 남편에게 양도한 격이었다. 부양가족의 양도와 함께 남편으로부터 지원받는 수입도 줄었다. 그러나 돈은 줄었어도 금쪽같은 시간을 얻었다. 혼자서 미래를 결정하는 자유도 얻었다. 결국은 원하던 자격증을 따서 카페의 어엿한 사장이 되었다. 평생을 이루지 못할 것 같던 꿈을 이루었다. 그녀는 이혼한 후로 전보다 더 당당해졌다. '이제야 삶을 제대로 사는 것 같다'고 했다.

홀로가즘을 즐겨라

성공적인 자립이란 무엇일까? 이혼 후 '혼자의 삶을 행복하게 만드는 것'이다. 개인마다 성공의 척도는 다르다. 그러나 누구나가 느끼는 마음의 공감대가 있다. 이혼 후, 성공적 자립으로 다음과 같은 '홀로가즘(혼자일 때의 쾌감)'을 느낄 수 있다.

삶이 편리해졌다, 야호!

배우자의 동의를 거쳐 진행하는 것들이 단독 결정이 된다. 만남이 자유롭고, 미래를 향한 목표 설정도 쉽게 할 수 있다. 집에 오면 맘대로 편히 쉬고, 일터에 나가면 동료들과 어울릴 수 있는 자유가 있다. 집안 눈치를 볼 필요가 없어졌다. 본인의 계획을 본인이 직접 조정할 수 있다. 배우자의 미주알고주알 잔소리가 없다. 혼자인 삶이 더 편안해졌다.

삶이 즐거워졌다, 야호!

취미 생활과 동호 활동이 자유롭고 즐거워진다. 좋아하는 일을 맘대로 선택할 수 있다. 배우자의 간섭을 받지 않아도 된다. 결혼으로 인해 파생된 돌봄의 의무가 사라진다. 그러므로 삶이 더 홀가분해지고 여유롭다. 개인의 삶을 진행할 수 있다. '이제 내 인생은 내 것이다'라는 생각이 든다. 가까이서 비판하는 사람이 없다. 눈치 보며 주저하던 일들도 내 맘대로다.

삶이 평화로워졌다, 야호!

배우자와의 의견 대립이 사라졌다. 배우자의 단독적인 행동 방식이 없어졌다. 술 마시고 담배피고 바람도 피우고 등등 걱정거리가 없으니 평화롭다. 그러므로 내 앞가림만 잘하면 된다. 배우자로 인한 과실 책임이 없다. 내가 원하는 대로 평화로운 삶을 이룰 수 있다. 부부싸움으로 인해 바람 잘 날 없던 가정이 고요해진다. 남아 있는 가족들도 덩달아 평화롭다.

성공적인 자립은 자기만족이다

혼자인 나의 삶이 행복해졌다면 성공적인 자립이 된 것이다. 성공이라 하면 보통 명예와 부귀를 생각하지만 그것이 중요한 것은 아니다. 인생이 행복해지는 것은 돈 때문이 아니다. 본인이 꿈꾸던 인생을 사는 것이 성공이다. 내가 원했던 결혼 후의 삶이나 이혼 후의 삶이나 마찬가지다. 소망하던 것을 이루면 된다. 꿈꾸던 것을 이루면 된다. 그것이 내가 당당해지는 길이다. 혼자서 이루면 그것이 자립하는 길이다. 커플이라고 부러울 게 없다. 화합하지 못하는 커플은 커플이 아니다. 혼자보다 못한 커플이다. 그러느니 둘이 사는 것보다 혼자 사는 것이 더 이점이 많을 수 있다. 더 편리하고, 즐겁고, 평화로울 수 있다. 꿀리지 않는 삶이다. 당당하게 살 수 있다.

성공적인 자립이란 마음에서 오는 것이다. 결국은 자기만족이다. 이혼 전 함께였던 생활보다 혼자인 현재의 삶이 즐거우면 잘된 것이다. 혼자인 일상생활이 훨씬 더 편리해졌다. 가만히 앉아서 차 한 잔을 여유 있게 마실 수 있다. 아무 걱정 없이 미소가 지어진다. 하고 싶은 일들을 동의 없이 맘대로 척척 진행할 수 있다. 각종 취미 활동도 맘 편히 즐겁게 할 수 있다 등등. 실로 오랜만에 '나'의 삶을 바라볼 때 모든 일들이 즐거우면 성공이다. 내 울타리 안의 가족과 매일매일이 편안하면 또한 성공이다. 걱정 근심 없이 평화로울 수 있다면 성공이다. 성공적인 자립을 거창하게 생각할 필요 없는 것이다. 이혼 후의 삶이 달라져서 좋은 방향으로 흘러가면 자신의 삶은 성공한 것이 된다. 성공적인 자립이다.

비졸리의 말!

성공적인 자립이란 혼자서도 행복할 수 있는 '당당함'이다.

• 2장 •

성공적인 졸혼 라이프

우연을 행운으로 바꾸다

"이 모든 건 우연이 아냐 그냥 그냥 나의 느낌으로 온 세상이 어제완 달라."

'방탄소년단'의 노래 〈세렌디피티(Serendipity)〉의 가사이다.

'세렌디피티'란 뜻밖의 발견이나 발견을 하는 능력을 말한다. '의도하지 않은 발견, 운 좋게 발견한 기회'를 뜻한다. 우연히 얻은 기회에서 행운이 온다. '졸혼'이란 것은 혼인 생활의 변화로 또 다른 기회를 주는 것이다. 혼인을 성공시킬 두 번째 기회이다. 이것을 잘 활용하는 자는 행운을 얻는 것이라 할 수 있다.

'기회'는 왔을 때 이용하는 것이다. 그리스 신화에 나오는 제우스의 아들 '카이로스'를 아는가. 그는 독특한 모습을 하고 있다 앞머리는 숱이 무성한 머리칼이 있고 뒷머리는 대머리다. 어깨와 양발 뒤

꿈치에는 날개가 달려 있다. 양손에는 저울과 칼을 들고 있다. 신화의 신들은 저마다 은유적인 의미를 가지고 있다. '카이로스'의 앞머리가 무성한 이유는 그를 만나면 머리채를 붙잡을 수 있게 하기 위해서다. 뒷머리는 없으니 붙잡을 수가 없다. 지나가면 그만이다. 양발에 날개가 있으니 순식간에 사라져버린다. '기회'란 것은 내 앞에 왔을 때 움켜잡아야 하는 것이다. 그것이 사라지기 전에.

졸혼의 '세렌디피티'

졸혼은 '운 좋게 발견한 기회'다

졸혼은 뜻밖의 행운으로 작용할 수 있다. '열린 사고'의 아내와 남편이 의견 일치를 본 것이다. 그들이 우매하다면 이 길은 열리지 않는다. 서로가 서로에게 다시 화합할 수 있는 기회를 준 것이다.

더 잘해보려는 노력

모든 것은 노력 없이 잘 안 된다. 특히 결혼 생활의 다른 형식을 취하는 '졸혼'은 노력이 필수이다. 한 사람의 잘해보려는 노력보다 두 사람의 노력이 필요하다.

더 잘해주려는 노력

나를 잘 챙기는 '관리'도 중요하지만, 상대 배우자에게 잘해주려는 따뜻한 배려가 돋보인다. 떨어져 각자의 세계에서 발전하려고 노력하며 배우자를 진심으로 위해준다면 혼인 컴백의 성공률은 자연적으로 높아진다.

더 잘 어울려보려는 노력

나를 잘 발전시키면 멋진 배우자의 역할 준비가 상승한다. 그리고 사회생활에도 이전에는 없었던 자신감이 붙는다. 가족구성원 그리고 사회구성원과 잘 어울려보도록 하자. 과거의 나보다 분명히 더 활력 있는 '나'를 느끼게 될 것이다.

필연으로 만들기

필연의 의미는 '성공으로 만든다'는 또 다른 의미다. '졸혼'의 기회로 결혼 생활의 성공을 만드는 필연의 결과를 이루는 것이다. 그것은 '졸혼 생활'을 하는 두 사람의 몫이다.

비졸리의 말!

'졸혼'의 기회는 '뜻밖의 행운'을 '행복 찾기' 필연으로 만드는 것이다.

졸혼의 종류와 졸혼 레터

이왕 졸혼하기로 마음먹었다면 차근차근 격식 있는 방법을 찾으면 좋겠다. 떨어져 지내는 것이 중요한 것이 아니다. 좀 더 나은 각자의 생활을 생각해봐야 한다. 거주지, 식생활, 가족과의 유대 관계 등 챙겨야 할 일도 많다. 먼저 가장 첫 번째 생각해보아야 할 일은 살 곳이다. 이대로 가정 안에 '따로인 함께'가 될까, '따로인 따로'가 될 것인가?

좀 더 나은 생활 방식

동거 졸혼(**인졸**) – '따로인 함께'가 된다

따로 사는 것처럼 지내지만 한집에 기거하는 형태. 같은 집에 살아도 부부는 각자의 공간이 필요하다. 따로의 방을 만들고 식생활과 성생활 문제를 의논하여 결정한다. '동거 졸혼'을 실행할 때는 한 집에 있으므로 식생활과 성생활이 함께 이루어지기가 쉽다. 그 밖의 개인적인 활동에서는 간섭하지 않을 것을 의논하여 정한다. 부부간의 의논과 합의에 따라 레터를 작성한다.

별거 졸혼(**아웃졸**) – '따로인 따로'가 된다

한 집에 기거하지 않고 부부 중의 한 명의 다른 거처로 옮겨가 사는 것. '별거 졸혼'은 각자의 집이 따로 있으므로 개인적인 생활에 간섭받을 일은 자연적으로 차단이 된다. 식생활이 각각 이루어지며 성생활의 지속 여부는 의논 후 레터로 작성하는 것이 좋다.

'졸혼 레터'에 기재하고 의논할 사항들

졸혼 기간

졸혼의 기간을 정해야 한다. 너무 긴 시간 동안의 졸혼생활은 부부의 이질감을 누적시킬 수 있다. 짧게는 3개월, 가장 길게는 1년으로 하면 좋다. 그 외에 장기간이 될 경우에는 레터를 수정하거나 재구성하여 기록하면 된다.

정기 만남

부부나 가족의 정기적 만남을 가진다. 매달 함께할 수 있는 가족을 위한 미팅이나 티타임을 가지면 좋다. 가족이 함께 참석할 수 있는 행사 초대도 빠트리지 말자. 가족 간의 유대감을 잊지 않도록 노력하는 것이 중요하다.

부부 성생활 관계

지속적인 관계를 원하는지 졸혼과 함께 성생활도 졸업할지를 아내와 남편이 함께 결정하여 레터에 기록한다. 부부 생활 개선을 위해 외부에서 함께 데이트하는 시간을 가지도록 한다. 이것은 새로운 기분으로 공감대를 형성하는 신선한 만남이 될 것이다. 연애 시절을 상기시켜줄 수 있다. 데이트하는 하루 동안은 부부 관계로 돌아가본다. 다시 가정으로 복귀할 경우에는 성생활이 부부의 끈을 쉽게 이어주는 촉매 작용을 한다.

가족 구성원으로서의 책임 실천 의무

가족 구성원에 대한 돌봄이 필요한 경우에는 서로 최대한 협조한다. 양육해야 할 자녀나 부양해야 할 부모에 대한 책임을 함께한다. 졸혼은 이혼이 아니므로 해야 할 부분을 잊지 않고 본인의 책임과 의무를 성실히 이행해야 한다. 경제적인 책임도 이것에 속한다.

위에서 제시한 졸혼의 종류와 졸혼 레터의 사항은 아내와 남편이 함께 만든다. 우선 서로의 행복을 위해서 행한다는 의미를 먼저 상기한다. 그리고 배우자를 존중하는 태도를 가진다. 외부 사람들이 없는 조용하고 편안한 분위기의 장소에서 의논하는 것이 좋다. 서로의 의사를 충분히 수렴하고 수용과 조정을 거치도록 한다. 무리

졸혼 레터(예시)

(아내 : 김영희 사인 / 남편 : 이수철 사인)

졸혼의 형태 : 아웃졸(남편 분가)

1. 졸혼 기간 : 2020. 1. 1.~3. 31[졸혼 휴식 기간(3개월) 후 복귀 조건]
2. 정기 미팅 : 매주 3째 주 목요일 저녁식사 가족 미팅
3. 부부 성생활 : 지속적인 관계(주 1회 주말 중) 데이팅
4. 책임 실천 사항 : 책임 의무 사항과 실천 사항을 자세히 기록한다.

   남편으로부터 경제적 지원 매달 100만 원 지원

   (은행계좌, 계좌번호 매달 말일 톡으로 발송, 원하는 계좌에 송금 조건)

   가족 행사 대소사 참여

   부부간 카톡. 문자 아침, 저녁(일 2회 교류)

   자녀의 케어에 소홀함 없기

   (딸, 아들과 매일 카톡, 전화 최소 1회, 전화통화 최소 1회)
5. 기타 : 각자의 집에 부득이 방문 시 미리 사전 알리고 허가 받음이 필수
6. 그 밖의 간섭받지 않을 권리(쌍방 같은 조건) : 개인의 일정에 참견치 않음

하게 작성하지 않음이 좋다. 서로 여유 있게 행동에 옮길 수 있어야 한다. '졸혼 레터'를 작성 후에는 마음속으로 응원 문구를 외쳐보자.

'우리는 서로의 행복을 위하여 노력한다! 우리는 한 팀이다!'

졸혼은 '못 살겠다', '헤어지고 싶다'를 긍정적으로 조정하는 방법이다. 아예 끊어버리는 인연 대신 다시 복귀하기를 희망하는 조정이다. 정상적인 가정의 복귀로 이루어지기를 응원하게 된다. 졸혼에서 가정으로 리턴이 되었을 때는 배우자뿐만 아니라 친구로 플러스되어 복귀할 수 있는 방법이다. 이혼을 실행하기 전에 여러분이 꼭 노력해보았으면 하고 바라는 새로운 방법이기도 하다. 우리가 긍정적인 마인드를 가지고 시도할 때 좋은 해결 방법이 보일 것이다. 여러분들은 현재 긍정적인 사람인가? '그렇다'라면 이혼 대신, 배우자의 친구가 되어보는 졸혼 생활을 실천해보라. 이혼 전 졸혼은 당신의 '마음 단절'을 막는 선택이다. 당신의 혼인 생활의 '시들어진 나무'가 다시 살 수 있는 기회가 된다. 말라비틀어진 잎사귀가 푸르게 되살아나서 다시 OK될 수 있는 기회다.

비졸리의 말!

'졸혼 레터'는 혼인 생활을 구하는 '구혼 편지'다.

서로가 가장 잘 아는 우리는, 친구이자 한 팀이다

이성 친구로 가장 가까웠던 친구는? 누구를 떠올리는가. 그것은 다름 아닌 배우자이다. 친한 정도로 따지자면 단연 으뜸이다. 서로에 대해서 가장 많이 알고 속속들이 안다. 집안 관계며 취미, 특기 좋아하는 것 싫어하는 것 등 세밀히 알고 있다. 다만 지금은 결혼 생활의 탄력이 없이 관계의 느슨함이 있을 뿐이다.

졸혼으로 서로가 각자의 관심 세계로 이동한다. 그래도 부부이다. 그래도 잘 아는 친구 같은 존재이다. 가정을 위한 유대의 끈이 아직 단단히 연결되어 있다. 친구인 아내이며 친구인 남편이다. 서로가 협동해야 할 일들이 현재 그리고 미래에도 있다. 그렇다면 우리는 가정의 일로 묶인 한 팀이 되어야 한다. 그리고 가장 잘 아는 친구이기도 하다.

졸혼이 협의하에 이루어지더라도 서로의 신뢰가 중요하다. 의논할 주제 거리가 생기면 서로가 만나서 의견을 나누고 조율이 필요하다. 특히 가족관계 일에서는 중요한 협동이 필요하다. 친구 관계와 팀의 워커로서 좋은 관계 유지를 위해서 노력할 일들을 알아두면 도움이 된다.

Good 프렌드십 & Good 코-워커

정기적 미팅을 정한다

팀을 유지하려면 정기적으로 회의를 한다. 코-워커라면 정기적 미팅을 마련해서 생소하지 않는 분위기를 만들기 바란다. 차 한잔, 식사 한 끼 둘의 시간을 가지면 좋다.

가정의 대소사를 함께 의논한다

가정의 대소사는 둘에게 여전히 중요함이 있는 혼인 생활의 연장이다. 자녀의 양육 문제, 가족의 돌봄 문제, 경제 살림의 조절 등 의논이 필수이다.

배우자의 안위를 살펴준다

떨어져 지내거나 각자의 세계에서 자유롭게 움직이더라도 건강 관리는 살펴주면 감동이다. '잘 먹고 잘 지내는지, 아픈 데는 없는지?' 하는 안부는 기본적인 배려이다.

결혼 후 부부의 가장 좋은 관계 유지는 베스트 프렌드 & 베스트

코-워커이다. 물론 사랑을 기반으로 형성되어야 한다. 졸혼을 시도하는 부부 역시 이것이 중요하다. 혹시라도 혼인 생활에서 위의 팁을 놓쳤다면 졸혼을 시작하기 전에 다시 실천하도록 하자. 첫 번째의 혼인 생활은 결혼 생활이었고 두 번째는 졸혼 생활이라고 생각해보자. 첫 번째는 서투르게 시작했다면 이번에는 성공할 수 있다. 실패는 항상 특별한 교훈을 가져다준다. 다시금 좋은 관계로 개선할 수 있는 기회가 왔다. 서로를 존중해주면서 가족을 살피는 일에도 성실하기를 바란다. 중요한 것은 마음가짐이다. 다시 잘해보려는 마음. 가족을 사랑하는 마음. Keep in mind! 명심해야 할 일.

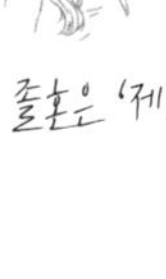

비졸리의 말!

졸혼은 '제2의 결혼 생활'이다.

혼인 졸업생의 품위 유지

"졸혼은 이혼과 뭐가 다른가요?"

취미 동호회에서 만난 K 씨가 물었다. 그녀는 오랜 결혼 생활이 정말 '지긋지긋하다!'고 했다. 갱년기를 맞이한 나이에 짜증이 더해지고 현재와 같은 결혼 생활에서 탈출하고 싶어 했다. 드라마 〈응답하라 1988〉에는 현실적인 갱년기 주부의 공감대가 그려져 있다. 무기력이 가득하다. "밥은 하는데, 설거지는 안 한다. 청소는 하는데, 빨래는 안 할 거야!"라고 선전포고를 한다. 오랜 시간 동안의 꿋꿋한 살림꾼에서 당당한 독립군이 된 듯하다. 여성뿐 아니라 남성도 마찬가지다. 오랜 가장의 부담에서 벗어나 자유를 꿈꾸는 시기가 온다.

졸혼을 준비하는 사람들은 먼저 마음을 다스릴 줄 알아야 한다.

갑작스런 자유가 왔다고 해서 정신없이 놀다가는 '큰코다친다'. 가정 복귀의 탄력 장치는 제구실을 못한다. '자아'도 찾고 '가정'도 찾으려면 졸업생의 자세가 중요하다. 혼인 졸업생의 품위. 이것은 학위를 받기 위한 성적표와 같다. 학사모를 쓰려면 노력이 필요하다. 품위도 지켜야 한다.

품위를 지키려면?

마음의 자세 먼저 : 자유는 '자율'이다. '방종'이 아니다

혼자의 자유세계에 돌입하면서 '고삐 풀린 망아지'는 해답이 아니다. 밤늦도록 방탕한 생활을 하거나 계획 없는 소비를 하면 후회하게 된다. 혼자일수록 마음의 빗장을 잘 조절해야 한다. 빗장은 열릴 때와 닫을 때를 알아야 한다.

나는 아직 혼자가 아니다

이혼이 아니라 졸혼했음을 명심하자. '이혼'의 혼자가 아니다. 나의 가족, 나의 아내가 엄연히 존재한다. 자립의 세계만 얻었을 뿐이다. 가진 것에 충분히 감사하고 좋은 변화를 가져오기 위해 노력하도록 하자.

나의 세계에서 '자아 발전'에 부단히 노력한다

그간 없었던 기회가 생겼다. 결혼 생활하면서 투덜거리던 '시간도 없고, 돈도 없고!'를 탈피하여 나의 계발을 시작하면 '꿀잼'이다.

주어진 시간 동안 최대한의 효과를 이루도록 하자.

나의 관리에 철저해야 한다

첫째도 관리, 둘째도 관리다. 홀로의 시간이 많을수록 나태한 삶으로 흘러가기 쉽다. 철저한 자기애가 발휘될 때이다. 나의 몸, 나의 정신을 건강하게 가꾸도록 정신 바짝 차리기!

혼인 졸업생은 그간의 노고를 치하받으며 휴식을 얻었다. 휴식을 보람되고 계획적으로 사용하면 미래의 보장은 더 커진다. 학사모를 쓴 품위 있는 혼인 졸업생의 미래는 졸업 후의 행동과 실천에 달려 있다. 힘냅시다! 졸혼 초년생.

비졸리의 말!

졸혼 초년생의 입학 허가 기준 일순위는 품위 유지!

졸혼
탄력 장치

"정말 졸혼해도 될까요? 애들도 어리고 할 일도 많은데…… 떨어져 지내다 정말 이혼하면 어쩌죠……."

초등학생 아이를 둔 워킹맘 M 씨가 내게 물었다.

우리나라의 대부분의 모성애가 이렇다. 답답하다. '자식' 먼저 '나'는 나중. 나보다 자식이 먼저이다. 본인은 시들시들 말라 죽어가고 있는데 애지중지 끝까지 자식뿐이다. 이럴 때는 본인의 상태부터 챙겨야 현명하다. 내가 행복해야 자녀도 행복하다. 본인의 삶이 불이 꺼질 듯 비상사태라면 '졸혼 시도?' 대답은 '예스'이다.

졸혼에는 탄력이 있다. 이것은 각자에게 삶의 신선한 부활과 탄력을 준다. 해볼 법하다. 부부 관계가 더 시궁창으로 꼬꾸라지기 전에 '다시 살기'를 계획해보자. 탄력을 위해서이다. 습관처럼 붙어 지내며 '미운 정 고운 정' 해가며 어쩌지 못하는 삶이라면! 도움도 되지 않는 질기디질긴 밀착을 떼어내 보자. 큰맘 먹고 끈끈이를 분리시켜보자. 부부 생활의 진화를 위한 발걸음이다.

졸혼은 일방적으로 화가 나서 쌩-하니 가버리는 방식이 아니다. 이것은 '일반 별거'이다. 떠나서 연락 두절, 남남처럼 지내는 것. 이러한 방식은 서로가 '될 대로 되어라'이다. '무시'와 '무관심'이 심술맞게 자리 잡고 있다. 서로의 신뢰란 실종이다. 그러나 졸혼은 서로가 어우러지는 방법을 바꾸어보는 것이다. 함께 붙어 지내며 아웅다웅 다투는 것을 해결하기 위해서 격리 요법을 쓴다. 각자에게 자유를 주어 관계의 회복을 꾀한다. '항상 내 사람일 것'이라는 생각, '이래도 괜찮을 것'이라는 생각. 그런 안전 불감증을 퇴치한다. 떨어져 지내며 자신을 돌아보게 된다. 이것이 졸혼 별거이다. 졸혼 별거는 분리되어 있어도 관계 분리가 아니다. 서로 이어져 있다. 마음의 연결됨이 여전하다. 몸은 떨어져도 마음은 여전히 한편이 된다.

졸혼의 시도가 불안하다면 아래를 참고하자. 불안함을 없애기 위해서 일반 별거와 졸혼 별거의 차이점을 서술해보았다.

두 가지 별거의 '멀어짐'의 차이

일반 별거의 멀어짐

서로 합의나 동의 없이 일방적으로 따로 주거하는 형태. 서로 싸우고 가출해서 연락 두절로 지내는 경우. 부부간의 정신적인 교류

없이 헤어진 남남처럼 지내는 것. 상대 배우자와 의사 교류가 전혀 이루어지지 않는다.

서로 개무시. 그러다 이혼?

졸혼 별거의 멀어짐

서로 합의와 동의를 거쳐 주거의 분리가 이루어진 형태. 부부 생활 방식을 결정하고 가족에 대한 책임과 의무를 다한다. 부부간의 정신적 교류가 여전히 있다. 각각의 자유로운 생활 방식을 인정한다. 허가된 내용을 기본 생활 방식으로 한다. 서로가 협의한 기간만큼 시간을 두고 떨어져 지내는 경우. 서로 존중 베리 굿!

'일반 별거'의 종착역은 이혼이 되기 쉽다. 어차피 꼴도 보기 싫고 떨어져 있다가 그만두자는 속셈이 생긴다. 그러나 '졸혼 별거'는 결혼 생활을 졸업하고 쉬게 하는 휴가이다. 가족의 이해와 사랑이 바탕에 있다. 빼빼이 치는 생활에서 벗어나 뉴 라이프를 갖기 위함이다, '아내와 남편으로서 살아간다'라는 의미보다 '인간 개체'의 의미로 살아간다. 덮어놓았던 '자아'를 들추어낸다. 자아 성취가 가능하다. 억압된 생활에서 자유로운 시간을 가져본다. 함께 가는 부부의 길은 포기할 필요 없다. 그대로 유지한다. 부부 상태는 현재진행형이다. 이 상태로 시간적 여유와 공간적 여유를 가져보는 것이다. '너도 좋고 나도 좋고!' 둘 다 행복하면 짱이다.

졸혼을 통한 '탄력 장치' 리프레시

졸혼은 지루하게 늘어진 느낌의 결혼 생활에 탄력을 주는 장치다. 그리고 다시 신선하게 정상화시키는 리프레시 용도로 이용할 수 있다.

각자의 자아실현에 탄력을

결혼 생활로 인해 이루지 못한 '나의 무기한 연기되었던 꿈'이 있었는가? 이제 가능하다. 그것을 실현할 수 있는 새로운 기회. 혼자의 자유로 자아실현에 박차를 가할 수 있다.

개인적인 삶에서 가족에게로 복귀하는 탄력을

결혼 생활에서 아내와 남편의 역할에만 얽매여 지냈는가? 혼자의 허가된 휴식기를 득한다. 재충전의 기회로 활용. 새로운 느낌으로 가족의 소중함에 감사하게 된다. 다시 에너지 리필로 각자의 역할로 리턴. 결혼 생활에 탄력이 붙는다.

부부 관계가 극에 달했다고 해서 곧바로 이혼 실행? 이건 아니다. 나중에 후회할 일이 '만땅'이다. 신중함 없는 이혼 직진의 부작용은 극단적인 결과를 낸다. 성질에 못 이겨 욱! 하는 분노에 휩쓸려서 저지르는 행동은 문제투성이다. 더 큰 문제를 만든다. 막바지 결정은 항상 천천히 숙고함이 옳다. 대신 졸혼의 탄력 장치를 이용하면 좋다. 부부가 갑자기 떨어져서 살다 보면 그리움이 생겨난다.

'정'이든 '사랑'이든 좋다. 옛것의 가치를 깨닫게 된다. 서로가 더 좋은 배우자로 거듭나려고 노력하게 된다. 이것은 결혼 생활을 재고해볼 시간을 마련한다. 후회하지 않는 방식으로 각자의 삶을 돌아볼 여유. 시간을 가지고 다시 잘해볼 수 있는 기회.

'졸혼', 생소하다고 두려워하지 마라. 현재 이대로 지지고 볶는 생활이 계속된다면 변화는 니즈(needs : 필요)이다. '다람쥐 쳇바퀴'처럼 돌고 돌던 당신에게 문득 '떨어져 있어볼까……'라는 생각이 드는가? 그것이 졸혼 개혁의 스타트가 된다. 탈출구가 된다. '졸혼해도 될까?'라는 질문에 아내도 남편도 OK 시그널이라면 부작용 걱정은 '뚝!'이다.

졸혼을 선택하면 이벤트 선물이 있다. 달달한 휴가+가정 복귀 입장권. 잘하면 추가 보너스도 있다. 내 배우자의 개과천선! 아이러니하지만 가능하다.

비졸리의 말!

느슨해진 결혼 생활에 쫀쫀한 탄력을 제공하는 '졸혼'은 개이득!
'졸혼 탄력 장치'는 결혼 생활의 동안 성형이다.

tip _ 알약(알아두면 약이 되는) 공식

우리는 아플 때 병원을 방문한다. 병원에서 치료를 받고 처방전을 받는다. 그리고 약국으로 향한다. 몸이 나아지기 위해서 알약을 먹는다. 씁쓰레한 알약이지만 '치료에는 좋다'라는 것을 안다. 나아지기 위해서는 처방대로 알약을 잘 섭취해야 한다. 약처럼 알약 공식을 잘 따라 생활하면 삶의 회복이 빠를 것이다. 알아두면 약이 되는 생활 공식은 두 가지로 나뉜다. 이혼 생활 알약 공식과 졸혼 생활 알약 공식이다.

이혼 생활 알약 공식

이혼 후에는 '아싸(아웃사이더 : 제외된 사람)'의 알약 처방이 많다. 강도가 꽤 센 약이다. 그러므로 본인의 몸 상태를 살피며 따르면 좋다. 작 적응하고 있는지 약효의 부작용은 없는지 체크하면 관리가 된다. 자기 관리가 필수이다. 알약 공식으로 헤어짐 후의 생활이 좀 수월해지는 치료가 되면 좋겠다. 복잡한 머릿속도 정리되고 아픈 마음도 괜찮아지기를 바란다.

이혼 처방전

이혼으로부터 달라지는 생활 방식은 어떨지 시작부터 혼란이 올 수 있다. 정돈이 되지 않았다면 공식으로 정리하면 좋다. 갈팡질팡

하는 것보다 처방을 따르면 쉽게 정리가 가능하다.

의식주 아싸, 섹슈얼 라이프 아싸, 경제적 책임 아싸 or 톡

의(의복), 식(식생활), 주(주거지)가 서로 분리되어 하나의 가정생활에서 분리가 된다. 그래서 아싸가 되었다. 혼인 관계가 정리되니 섹슈얼 라이프도 마찬가지다. 서로의 묶임이 없으니 아싸가 되었다. 그러나 가족을 위한 경제적 책임과 혼마(혼자된 엄마), 혼빠(혼자된 아빠)로서의 의무는 그대로이다. 아직도 인싸(인싸이더 : 포함된 사람, 구성원)에 머물러 있다. 부부가 함께 살지 않는다고 해서 자녀 부양의 관계까지 정리된 것은 아니다. 공동 책임 부분인 경제적 책임과 부양 의무가 남아 있다. 이 부분들은 함께 합의하여 종결 짓거나 톡으로 해결하면 좋다. 나이스 톡으로. 합법적인 방향으로 진행하면 될 것이다. 알약 공식은 도움이 된다. 이혼 생활의 알약으로 혼란스러운 삶이 정돈될 것이다. 처방대로 복용하면 더 이상의 아픔 없이 괜찮아진다. 당연히 복용해야 할 약이라고 생각하고 행동에 옮겨보자.

졸혼 생활 알약 공식

졸혼의 알약 처방은 이혼 생활만큼 세지는 않다. 더 유연한 방법을 처방으로 내린다. 알약 공식의 처치 기간도 단기간이다. 단기간

이건 장기간이건 처방전을 잘 따라야 한다. 좀 더 자유롭다고 해서 지켜야 할 것을 지키지 않으면 부작용이 우려된다. 성실함으로 단기 치료로 회복이 되고 장기 치료가 되지 않도록 유의하기 바란다.

졸혼 처방전

졸혼이 시작되면서부터 달라지는 생활 방식은 부부간의 톡(대화)이 상당히 중요하다. 서로 대화 교류를 자주 하고 존중하는 삶이 약으로 작용한다. 졸혼의 알약은 단기간 복용해도 좋다. 그래도 약의 효과는 어느 정도 보장된다. 너무 오랫동안 복용하면 오히려 부작용이 생길 수도 있다. 지혜로운 처방을 잘 따름으로써 다시 활력을 찾을 수 있다.

의식주 아싸 or 인싸, 섹슈얼 라이프 아싸 or 톡, 경제적 책임 인싸

의(의복), 식(식생활), 주(주거지)가 서로 분리되어 일정 기간 동안 홀로의 삶을 가져본다. 가정 내부로의 분리(동거 졸혼), 가정 외부로의 분리(졸혼 별거)를 할 수 있다. 가정 내에 의식주가 함께일 경우는 '인싸이드'에 있다. 외부에서 생활하면 '아웃싸이더'가 된다. 혼인관계는 그대로 유지되므로 섹슈얼 라이프는 톡이 필요하다. 대화로써 솔직하고 부담 없는 관계가 유지되면 좋을 것이다. 아내와 남편이 의논하여 가장 좋은 방법으로 결정하면 좋다. 서로가 편안한 방식으로 해야 한다.

가족을 위한 부양이나 경제적 책임은 변함이 없다. 여전히 '인싸이드'에 머물러 있어야 한다. 의무와 책임을 다해야 한다. 졸혼의 알약 공식은 이혼의 알약보다 약의 강도가 세지 않아서 좋다. 그래서 금지 사항이 많지 않다. 더 다양한 자유가 존재한다. 서로의 삶을 허락된 범위 내에서 자유롭게 가져본다. 그러나 처방전은 잘 알아두길 바란다. 약의 작용과 부작용도 알아두어야 한다. 약을 빼놓고 먹거나 하는 것은 완쾌를 방해한다. 꼬박꼬박, 정해진 대로 성실히 이행함으로써 가정생활의 쾌유가 올 것이다.

PART 3

갓백 싱글 라이프

• 1장 •

다시 싱글로 남고도 '괜찮음 유지법'

외로워도 괜찮아

갓백 라이프가 되면 처음에는 둘에서 혼자가 된 것에 익숙하지 않다. 그러나 얼마 지나지 않아서 혼자서도 모든 일을 척척 잘 해낼 수 있다. 유아 프로그램에서 많이 들어본 말이 이것이다. '혼자서도 잘 해요!' 혼자가 더 편하게 느껴질 날은 머지않아 온다.

요즘은 혼밥, 혼술이 편리한 '혼라이프' 시대이다. 내 생각에 맞추어 누군가의 동의도 필요 없이 많은 것들이 '고고씽!'이다. 자유롭게 활동할 수 있다. 내가 먹고 싶은 것부터 시작해서 내가 하고 싶은 것들도 내가 결정하면 된다. 시간과 돈만 있으면 실현 가능성이 99.9%이다.

홀로서기가 잘 되어야 자존감도 높다. 내가 나를 사랑해주고 내가 나를 친구삼아 즐겁게 살면 된다. 그러다 주위를 둘러보면 같이 놀아줄 끼리끼리가 되어줄 비슷한 무늬를 가진 사람들도 만나게 된다. 이 세상에 덩그러니 혼자인 것은 아니니 걱정하지 말자. 조용히 주어지는 혼자인 시간을 '외로움'이라 표현하지 않으면 좋겠다. 이것은 '완벽한 자아발견'의 시간이다.

곰곰이 생각해보면 결혼해도 하루 24시간 중에서 3분의 1은 어차피 혼자였다. 직장에서의 여덟 시간과, 활동이 쉬게 되는 수면의 여덟 시간을 빼면 여유시간이란 얼마 남지 않는다. 결혼해서도 배우자와 함께할 수 있는 여유란? 김밥의 '꼬다리' 같은 자투리 시간들이었다. 남아 있는 여덟 시간 중에서 함께 저녁을 보내는 네 시간 정도가 고작이다. 가족과의 시간을 위한 주말이란 것도 찬찬히 기억해보면 100%는 '함께'가 아니었다.

혼자의 시간, 괜찮음 유지법 '외로움 OK'

다시 찾은 혼자의 시간을 보람 있게 계획해보자. 어떻게 하면 혼자의 시간에 활력이 생길지 '괜찮음 유지법'을 생각해보자.

홀로의 행복감을 느껴보고 홀로의 자신감을 충전해야 한다.

홀로의 천국 느껴보기

혼자 있는 시간은 천국이 되게 하자. 쉬는 날은 늘어져라 잠자기, 집 안을 어질러 놓고 손 까딱 안 하고 치우지 않기, 여유가 생길 때마다 노래방 음악에 맞추어 최신 유행 노래 부르기, 댄스 음악에 신명 나게 막춤으로 흔들어보기 등 자유를 만끽해보자. 집에 아무도 없을 때를 틈타 가끔씩은 도시에서 벗어난 원시인이 되어보는 것도 좋다. 홀딱 벗고 집 안을 누비고 다녀보는 것도 신선한 영혼의 자유를 가져다줄 수 있다.

몸과 마음을 풍요롭게 살찌우는 '내가 좋아하는 음식으로만 냉장고 채우기'도 좋다. 홀로의 천국을 느끼게 한다. 해도해도 끝이 없는 스트레스성 다이어트는 가끔은 못 본 듯이 서랍에 넣어두자. 이러고 나면 '아, 이런 자유로움이 내게도 존재하는구나, 모두가 나의 세상이구나!'라는 기쁨과 활력이 솔솔 생겨난다. 이것이 바로 '싱글토피아' 만들기다!

24시간 알뜰 계획하기

하루를 알뜰하게 일정을 잡아보자. 과거의 생각들이 나를 집어삼킬 틈을 주면 안 된다. 당분간은 좀 빡빡하게 할 일들로 일정 잡으면 좋다. 시일이 지나서 혼자라는 생각을 달달하게 느끼면 여유시간을 늘려간다. 쇼핑도 하고 차도 마신다. 운동도 하고 여행도 간다. 그간 하고 싶었던 취미 생활도 열심히 한다. 여유만만하게 시간을 쓴다. 이러다 보면 배우자에게 저당잡혔던 시간이 고스란히 나의 것이 되어 있음을 재발견하게 된다.

친밀 밴드 만들기

가까운 친구들, 지인들과 만남을 가진다. 살아가는 얘기도 심오하게 해보고 목적을 가지지 않는 자잘한 수다도 떨어본다. 시간을 내어 오랜 시간 보지 못했던 친지를 방문해본다. 훌훌 털고 힐링을 꿈꾸며 친구들과 여행을 계획해본다. 궁금한 사람들에게 갑작스럽게라도 안부를 전해본다. 이 사람 저 사람 떠올리다보면 그간 잊고 있던 '내 울타리 안의 사람들이 참 많이 있었구나' 하는 든든함이 생긴다. 저축되어 있었던 '나의 친밀 밴드'와 교류함으로써 외로움을 느낄 공백이 없어진다. 이 세상에서 그간 홀로가 아니었다. 내가 바빠서 찾지 못한 것이었다. 나를 궁금해하는 사람들, 나를 걱정해주는 사람들이 멀지 않은 곳곳에 꾸준히 존재했었음을 확인하게 된다.

나의 목표 설정

다시 혼자가 되는 시기부터 그동안 주저하며 달성치 못한 일들을 '수행 목표'로 만들어본다. 단기 계획과 장기 계획으로 구분하여 정기적으로 관리하면 좋다. 목표를 향해서 부단히 노력하면 성취의 길은 그다지 멀지 않다. 열심히 달려가다 보면 지루할 틈도 없이 하루하루가 빠르게 흘러간다. 생활의 '셀프 메니지먼트'도 잘 이루어진다. 시간이 지날수록 혼자 사는 모습이 틀이 잡혀가고, 본인에게 집중할 수 있는 시간들이 많아진다. 혼자인 생활 패턴이 익숙해지면서도 삶의 질도 향상되고 있음을 발견하게 된다. 시간의 공백마다 놀러 왔던 '외로움'이란 녀석도 어느 사이인가 사라지고 없다. '자아 성취 OK'가 외로움을 KO시켰다.

홀로가즘 경험하기

둘이라서 힘들었던 생활을 기억해보자. 지금의 '홀로'와 냉정하게 비교해보도록 한다. 나를 간섭할 사람도 없고, 내가 괴로워하지 않아도 되는 현재의 상황이다. 자유도 넘친다. 그러므로 외로운 것쯤은 괜찮다고 생각하자. 사업으로 치면 확실히 '남는 장사'가 된 것이다. 홀로는 홀가분하다. '이렇게 세상 편하구나!'라고 기지개를 펼 수 있다. 홀로인 생활의 천국, '싱글토피아'를 제대로 맛보면 '홀로가즘'을 경험하게 된다.

나홀로 여행

가방 하나 달랑 들고 훌훌 여행을 떠날 수 있다. 몇 박 숙박이 어쩌고…… 필요 경비가 어쩌고…… 돈 따지며 상관할 배우자가 없어진다. TV에서 멋지게 광고를 찍듯이 '열심히 그간 살아온 당신', 힐링을 떠나봐도 좋겠다.

나홀로 식사

밥 한 공기에 반찬 하나만 있어도 만족이다. 이것저것 반찬 걱정할 것 없이 김치만 있어도 대만족 끼니가 된다. 하루 동안 먹고 먹고 또 먹는 다섯 끼니든 달랑 한 끼니든 내 맘대로이다. 빵이 주식이 되든 밥을 태워서 누룽지가 주식이 되든 뭐라고 타박하는 사람이 없으니 '먹방'이 원하는 메뉴대로이다. 내 입맛만 맞추면 '딩동댕!'이다.

나홀로 기호 & 나홀로 취미

내가 술을 마시건 담배를 피우건 옆에서 일일이 간섭하는 사람이 없다. 밤늦게 귀가하여 바로 꼬꾸라져 자도 뭐라고 태클 거는 사람이 없다. 내 건강은 내가 돌봐야 한다. 기호도 취미도 '취향 존중 마이셀프'이다. 나의 중심에 맞추어 내가 무리하지 않을 정도로 잘 챙기면 된다.

나홀로 수면

코를 아주 심하게 골든, 온 방을 청소하듯 굴러다니며 자더라도 상관없다. 커다란 이불을 혼자서 돌돌 말아서 모조리 '죽부인' 대용으로 써도 핀잔이 없다. 쉬는 날이면 대낮까지 늘어져라 시간을 무시하고 늦잠을 자더라도 누구도 간섭하지 않는다. 밤이 꼴딱 새도록 TV를 보고 영화를 보다 잠들어도 '낫씽', '노바디' 불만 없음!'

갓백 싱글의 외로움은 미래에 다가올 '누군가와의 Together'를 위한 '휴식 기간'이라고 생각하자. 와인을 마시듯 천천히 음미하고 뒷맛까지도 즐겨보자. 오랜만의 '외로움'이란 씁쓸한 맛이 돌아도 멋스럽기만 하다. 이대로의 '혼자인 삶'을 잘 이끌어갈 수 있다면 미래에도 강화된 강자가 된다. 자기 관리 면에서 더욱 '철두철미'해진다. 그래서 목표하는 성공률도 높아진다. 싱글로 돌아온다는 것은 덮어두었던 자유를 다시 찾는 것이다. 삶의 방향을 혼자서 생각하고 혼자서 결정할 수 있어야 한다. 인간이란 홀로 태어나서 홀로

이 세상을 떠난다. 오는 길과 가는 길의 항상 동무는 '자기 자신'뿐이다. 싱글토피아가 이루어질 수 있는 갓백 싱글 라이프에서 최선으로 삶을 목표하며, 제대로 누리며 만끽할 수 있는 사람이야말로 삶의 진정한 강자이다.

비졸리의 말!

'외로움'은 더 큰 인연을 선물 받기 위한 기다림이다.

젊지 않아도 괜찮아

'무엇이든 할 수 있는 나이다, 무엇이든 할 수 있는 '나'이다!'

한 해의 연말이 다가와 마음 정리를 앞두고 나를 순식간에 쭉 끌어당기는 문구가 하나 보였다. 부모님 댁 벽에 걸린 예쁘장한 손글씨로 쓰여진 캘리그래피 달력이었다. 감사한 한 줄 문장은 새해를 밝히며 희망을 주고 있었다. 나이에 신경 쓰지 말라고 한다. '무엇이든 할 수 있다'는 가능성이 철철 넘친다고 격려하고 있었다.

나이를 개의치 말고 도전하라는 뜻이다. 그렇다. 갓백 싱글 라이프는 무엇이든 해볼 수 있는 '나'가 될 수 있다. 나이는 숫자에 불과한 것이니 마음에서 털어버려야 한다. 세월이 지나서 내가 거두어들인 '나이'는 연륜이 된다. 내가 벽에 걸린 명언의 문장을 쉽게 알아챌 수 있는 것도 다 연륜 덕이다. 분별하고 의미를 쉽게 파악하는 지혜를 세월의 흐름에서 익혔다. 적지 않은 나이 덕이다. 감사한 일이다.

당신은 왜 젊음을 동경하는가? 젊다는 것은 활력이 풍부하다. 에너지가 넘친다. 무언가에 주저함 없이 도전할 수 있는 용기다. 그래서 자신감이 '갑'이다. 나이를 많이 먹은 것 같다고 해서 적당히 적응하려 하고 있는가? 나이에 맞추어 살면 나이와 반비례하는 만큼의 에너지만 가지고 있다고 의기소침해지기도 쉽다. 사랑도 '다시'는 어렵고, 사업도 '다시'는 어렵다고 생각하게 된다. 모든 것이 올려다보지 못할 높은 나무처럼 보이기도 한다.

나이에 적당히 맞추어 살려고 애쓸수록 당신은 빨리 늙는다. 해마다 자신의 나이를 셀수록 당신은 그 숫자를 머릿속에 입력한다. 그리고 그 숫자에 맞추어 깔맞춤하듯이 나이가 들어간다. 숫자를 못 본 척 지나치지 못한다면 앞자리 숫자만 그냥 잊어라. 앞자리가 2가 되든 3이 되든 멈추고 싶은 숫자에서 멈춰라. 여전히 28세가 될 수도 32세가 될 수도 있다. 맘먹기에 달려 있다. 당신은 충분히 젊다. 당신에게도 활력과 용기와 자신감이 충분히 남아 있다. 마음의 '젊음'이 있으니 OK다.

앞으로의 계획을 잘 세우는 일만 남았다. 새로운 계획으로 가슴이 두근거려야 한다. 홀로 살아가는 삶이 즐거워야 한다. 즐겁게 생활하는 나만의 천국을 만들어야 한다. 새로 찾은 에너지로 몇 배 더 행복하게 살아가면 된다. 그러면 젊은이가 부럽지 않을 것이다. 그리고 당신에게는 인생 후배들이 가지지 못한 그간의 실전 경험과 지혜가 있다. 그것이 미래의 삶을 수월하게 비추어줄 것이다. '나이는 그저 숫자일 뿐'이라고 말한다. 현재의 '나'의 나이는 생각하는 주인에 따라 항상 '최고의 절정기'가 될 수 있다. 마음의 나이는 전혀 늙지 않는다. 다시 시작할 수 있는 20대의 심지가 아직도 있다. 불꽃은 다시 점화시키면 된다.

괜찮음 유지법 '젊지 않아도 OK'

세상은 공평하다. 좋은 것이 있으면 나쁜 것도 있고 넘치는 것이 있으면 부족한 것도 있다. 외모와 마음의 대처 능력은 다르다. 어리면 대처 능력이 부족하지만, 연륜이 있으면 대처 능력이 우수하다. 나이가 들수록 우리는 세상을 살아내는 지혜로움을 얻는다. 현명함과 마음의 젊음이 있으니 앞으로의 싱글 라이프는 더욱이 기대할 만하다. 지혜롭고 민첩한 처세력으로 'Age 자신감'을 충전하자.

적응의 노련함

적응을 위하여 미리 예측하고 준비하는 데 노련하다. 성공과 실패의 상황 파악이 빠르다. 그것은 인생 경험에서 자연스럽게 축적된 보물이다.

인지하는 성숙함

인생사의 크고 작은 이상 신호를 잘 감지하고 성숙하게 대처한다. 주변 사람들의 존재가 나에게 어떤 영향을 끼치는지 금방 안다. 현실을 직시하고 잘 살 수 있는 대책을 세운다. 주변 대상에 주의를 기울인다. 연륜이 있는 사람들은 문제 해결력이 훨씬 더 좋다.

무뎌짐으로의 강인함

감정 조절 능력이 우수해서 냉철한 결단력이 있다. 행동하는 데 사리분별을 잘한다. 감정에 쉽게 휘둘리지 않는다. 그래서 생활에 처세하는 능력이 강하다.

느리게 가는 여유

느리게 가는 사람은 인생 방향을 잘 관찰할 수 있다. 실수가 거의 없다. 자신이 현재 가지고 있는 것만으로도 풍요를 느낄 수 있다. 자신의 품위를 지키고 타인을 존중한다. 느리게 가지만 인생의 진미를 제대로 안다.

내게 주어진 특별 보너스

'이제는 예전과 같이 젊지 않아서 걱정 된다'는 사람들이 있다. 그간의 결혼 생활이 부부가 함께 일군 '안정기' 단계에 올라갔었다면 더욱 그런 미련이 생길 법하다. 열심히 쌓아놓았던 '공든 탑'이 무너졌다고 아쉬워한다. 다시 일어서기 두렵다는 사람들도 있다. 나이는 들었고 인생의' 되돌이표'를 만나 시작점으로 돌아가야 한다니 '인생무상'이 오르락내리락거리고 당황스럽기도 할 것이다. 그러나 '인생 갓백'은 더 잘해보라는 것이다. 수정의 기회를 얻은 것이다. 다시 출발점에 섰다. 시작점이기에 쓸 수 있는 에너지가 가장 활기

차고 충만하다. 의욕이 끓어오르고 '젊은이는 저리 가라'이다. 다시 열정을 기울이면 된다. 젊은 사람이 가지고 있지 않은 지혜로움이 '히든 카드'이다. 장점들이 많다. 젊지 않아도 괜찮다. 다시 찾은 싱글 라이프의 기회는 나에게만 특별히 주어진 '특별 보너스'라고 생각하자.

'Old and Wise'라는 문구가 있다. 시간이 지나면 현명함이 있다는 것이다. 'Old Man'은 세월에서 터득한 지혜로움을 가지고 있다. 젊음을 부러워하지 마라. 당신은 그 찬란함의 시기도 지나쳐왔지 않은가. '좌충우돌기'를 지나서 지금의 태연함의 위치에 도달한 것이다. 앞으로의 미래는 1+1 행사이다. 이벤트 중인 '싱글 라이프'를 구매하면 '세상이 이렇게 재밌을 줄이야!'라는 신규 개봉할 스펙터클한 영화 티켓을 덤으로 받는다. 다시 찾은 싱글 라이프는 그야말로 '개꿀'이 될 것이다. '철든 젊은이'로 살아보자. 명철함이 충만한 사람 ='젊은이' . '젊은이'는 나이가 들어도 항상 현명함을 가진 '그대로 젊은이'다!

비졸리의 말!

젊음'의 에너지는 활력을 만들고 '연륜'의 에너지는 경험에서 비롯된 실력을 만든다.

돈이 많지 않아도 괜찮아

캘빈 쿨리지(Calvin Coolidge)는 "부유함은 도구일 뿐, 숭배해야 할 신이 아니다"라고 말했다. 돈은 삶의 수단일 뿐 그것이 모든 인간 생활을 해결해준다고 여기면 안 된다. 자칫하면 '돈의 노예'나 '스크루지의 실체'가 된다. 돈에 대한 '집착'은 앞을 보지 못하게 하는 장애를 만든다.

'돈이 많으면 행복할 것 같다'라는 생각을 한 번쯤은 해본 적이 있을 것이다. 물질의 유혹에 약한 것이 '보통의 사람'이다. 간혹 돈에 욕심이 없는 사람을 바보의 반열에 올리기도 한다. '그렇게 욕심이 없으니 부자가 못 되는 거야!'라고 나무라기까지 한다. 사람은 돈을 모으려 하고 '일확천금'의 꿈, '로또 당첨', '잭팟'의 꿈에 부푼다. 평범한 사람인 이상 돈을 싫어할 리는 없다. 다만 욕심 부리지 않고

쫓아가려 하지 않는 것뿐이다.

인생 머니 최소 노동

돈에 대한 호기심에 빠져본 적은 여러 번 있다. '돈으로 할 수 있는 것들은 어떤 것들이 있을까?' 생각해본 적도 있다. 물론 돈으로 할 수 있는 것들은 많다. 그러나 물질적인 것으로 범접치 못한 것들도 많다. 특히 마음적인 것에는 물질이 뚫고 들어갈 수 없는 '좁은 문'이 된다. 현재 넉넉하지 않다고 해서 기죽거나 낙담할 필요 없다. 돈이 많지 않아서 못하는 것들이 있다면 능력을 키우면 된다. 돈은 능력으로 만들 수 있다. 본인에게 특별한 능력이 없다고 생각한다면? 지금부터 능력을 만들면 된다. 나의 상황에서 도전할 수 있는 것들은 얼마든지 있다. 적극적인 마인드가 있으면 발굴이 가능하다.

우리가 사는 데 돈은 많지 않아도 된다. 어쩌면 풍요가 넘치지 않기에 '순수'라는 것이 작동을 하는 것 같다. 그래서 물질에 '랩핑'되지 않고 '감정'과 '감동'이 원활하게 작동하는 것 같다. 물질의 포만감이 과하게 작용하면 정신 순환에 문제가 생길 것 같다. 배가 나오면 순환계 질환에 이상이 생기는 사람처럼.

싱글 라이프의 소비는 두 사람의 결혼 생활보다 결코 많지 않다. 그래서 많은 돈이 없어도 삶은 괜찮다. 돈이 없는 대신 먹고 살 능력만 있으면 된다. 그렇게 되면 싱글 라이프는 자유로움이 있고 적은 것으로도 충분히 행복할 수 있다. 다시금 본인을 위해서 몰두할 수 있는 행복의 시작이다. 갓백 라이프의 풍요로운 삶을 위해 '인생

머니 최소 노동'의 연구를 하면 좋겠다. '본인이 좋아하는 최소의 노동을 하면서 먹고 살 돈을 벌 수 있는 것'을 말한다. 돈은 많지 않아도 괜찮다. 삶을 책임질 마음의 자세면 충분해진다. 그리고 내가 하고 싶은 것에 초점을 맞추어 보자. 내가 원하는 대로의 삶, 그것이 각자에게 최상의 삶이다.

'괜찮은 삶'에 필요한 '인생 머니'는 얼마쯤일까

건강관리를 위한 '인생 머니'가 필요하다면?

건강관리가 필요하다. 몸이 건강해야 원활하게 활동할 수 있으므로. 건강을 위한 보험을 든다거나 적금을 들면 든든하다. 매월 빠뜨리지 않고 넣을 수 있는 최소 금액을 정한다.

매월 정기 지출로 '인생 머니'는 최소 얼마?

매월 지출은 꼭 챙겨서 메모하면 좋다. 정기 지출로 의식주 지출과 각종 제세공과금이 있다. 생활을 편리하고 윤택하게 하는 특별한 제품이나 '내가 꼭 갖고 싶던 것' 등을 정기적으로 마련하는 것도 '득하는 기쁨'이 된다. 아주 쉽게 삶이 풍요로워지는 느낌을 가질 수 있다. 자신을 행복하게 만드는 데 스페셜 지출도 계획해보도록 하라.

꾸준히 하는 미래 저축은 홀로서기의 '인생 머니'다

1년 후나 몇십 년 후에 목돈이 필요하다면 매월 적은 금액이라도 꾸준하게 저축하는 습관을 가지면 성실하게 살아가는 집념이 생긴다. 혼자인 삶이 잘 관리되고 목적의식이 확실히 있어야 한다. '잘 살아봐야겠다!'라는 애착을 가지는 만큼 싱글 라이프도 안전하게 영위된다. 누군가에게 의지하려는 동동거림이 사라진다. 이런 방향으로 계속 진행해간다면 은퇴 시기인 노후가 되더라도 자잘한 걱정 없이 보장된다.

취미, 여가 등을 위한 여유로운 '인생 머니'

살면서 '소소한 즐거움'을 만드는 것이므로 꼭 필요하다. 기본적으로 먹고사는 일에만 신경 쓴다면 재미없는 삶이 된다. 즐거움과 재미를 만드는 돈의 소비는 '선물 꾸러미' 같은 기쁨을 준다. 좋아하는 것을 배우거나 여행을 하거나 기쁨을 주는 지출을 위한 여윳돈을 준비한다.

비졸리의 말!

행복의 기초공사는 마음이다. 돈으로 하는 것이 아니다.

가족과 떨어져 있어도 괜찮아

‘이혼하고 나서 가장 힘든 것은 무엇일까?’

나는 이혼을 고려할 때 이것을 심각히 생각해본 적이 있다. 이혼을 하기 전 그리고 이혼 후 ‘갓백’한 라이프에서도 생각해볼 문제이다. 제일 먼저 신경이 쓰이고 마음이 쓰린 것은 역시 ‘자식’이다. 헤어진 부부는 동시에 그들의 자녀를 ‘킵(keep : 유지)’할 수 없다. 헤어진다면 피할 수 없는 현실이 된다. 배우자는 피를 나누지 않았기에 ‘돌아서면 타인’이라 한다. 또한 ‘부부간은 촌수가 없다’라는 말도 있다. 이것은 헤어지고 나서 끈끈한 애착이 없다는 말이다. 그러나 자녀는 다르다. 하루라도 안 보면 눈에 밟히는 존재이다. 하루하루가 걱정이 되고 궁금증이 가득할 것이다.

헤어지고 나서 이러한 감정을 추스르는 법을 빨리 알수록 일상

생활의 원상복귀가 쉽다. 가까이 살거나 멀리 살거나 떨어져야 할 상황이라면 감정 극복의 방법을 마련해야 한다. '그들은 내 맘 속에 항상 가까이 있다'라고 생각하자. 다른 방법으로는 '해외 유학을 보냈다'라고 생각을 수정해봄직도 좋다.

부모자식 간의 오해로 인한 편견을 두려워하지 마라

자식의 인연은 '천륜'이라 하여 인간의 힘으로는 어찌 떼어낼 수 없는 인연이다. 하늘이 맺어준 부모와 자식 간의 인연이므로. 설령 끊는다 해도 언젠가는 다시 이어지게 된다. 하늘이 맺어준 이상, 그 인연은 변할 수 없다. 한 번 부모는 '영원한 부모'이다. 또한 한 번 자식은 역시 '영원한 자식'인 것이다. 내가 가까이 있지 못하고 떨어져 지낸다고 해서 나의 자녀가 남의 자녀가 되는 것은 아니다. 어디로 없어지는 존재도 아니다. 나의 전처나 전남편이 재혼을 해도 이것은 변하지 않는다. 그래도 여전히 나의 자녀이다. 마음은 애타게 흘러가는 것보다 미래의 긍정으로 담아놓으면 위로가 된다.

이혼 당시 자녀들이 너무 어려서 씻기지 않는 '죄의식'으로 안타깝게 헤어진 사람도 있을 것이다. 그러나 시간이 흐르면 자녀들은 성장한다. 어른이 되고 나면 '어른 마음의 눈높이' 에서 이해할 수 있다. 눈높이를 맞추게 되면 당시의 부모에게 헤어짐은 필수였음을 안다. 인생의 갈림길에서 최선의 선택이었음을 깨닫게 된다. 적정한 시기 '그때'가 되면 부모 자식 간의 오해로 인한 편견은 사라진다.

미래의 미소를 위해 계획하라

요즘 시대는 부모가 이혼했다고 해서 자식들이 그것을 오래 원망하지 않는다. 사는 시대가 변하다 보니 많은 사람들이 헤어짐을 결정한다. 헤어지고도 창피해하거나 타인에게 숨기지도 않는다. 헤어질 때의 걸림돌이 되는 것들은 헤어지고 나서 해결하는 것이 더 합리적이라고 생각하는 사람들도 있다. 삶이 아픈 채로 부부가 함께 사는 것보다 치료를 위해서 따로 사는 것을 택한다. 그래서 안타까운 마음을 안고도 싱글 라이프를 선택하게 된다. 서로가 행복해지기 위해서이다.

갓백한 싱글 라이프는 현재의 울상보다는 미래의 미소를 위하여 계획할 줄 안다. 행복을 위하여 당분간은 참으면서 기다릴 줄 아는 지혜가 있다. 자녀와 떨어져 있는 것은 영원하지 않다. 만날 날을 고대하자. 새로운 삶을 탄탄하게 자리 잡는 것이 지금으로서는 현명하다. 목표에 열중하자. 머지않아 나의 자녀에게 가까이 다가설 수 있는 날이 온다. 그때 나의 당당한 모습과 빛나는 부모의 역할을 할 수 있기를 계획하면 된다. 가족과 떨어져도 OK. 영원한 이별이 아니므로!

비졸리의 말!

가족과 떨어지는 것은 당장은 '비극'이라 생각할 수 있지만, 영원하게 '비극'일 수는 없다.

타인들이 수군거려도 괜찮아

"저 부부는 결혼한 지 1년도 안 돼서 이혼했다는구먼!", "저 할머니는 60도 넘었다는데, 이혼한다고 난리라네…… 다 늙어서 이혼은 무슨…… 그냥 살지!"

이혼하고 나서는 당분간은 가십거리의 대상에 오른다. 직접 대면했을 때는 미소로 일관하다가 등을 보이면 이내 또 되씹고들 있다. 자신의 일보다 남의 불행이 더 관심 있는 모양이다. 제발 남의 일에 이러쿵저러쿵 하지 않으면 좋을 일이다.

'우리나라가 좋은 나라가 되려면…… 제발 남의 일에 간섭 노노!'

소문에 상처받지 마라

나의 경우도 마찬가지다. 헤어진 후 사람들의 입방아에 3개월쯤은 오르내렸던 것 같다. 그래도 소문 중에 일부는 진실이니까, 진실을 말하고들 있으니 나는 '그러려니……' 하고 지나쳤다. 신경 쓰지 않으려 그들이 내 얘기를 한다는 것조차 빨리빨리 '삭제'시켜버렸다. 꿋꿋하게 살아남기 위해 갑옷을 걸친 상당히 당돌하고 강한 자존감의 소유자였다. 그것이 나를 기죽지 않고 버티게 했다.

그들의 소문에 상처받는 대신에 다른 생각에 몰두했다. '어떻게 하면 이런 상황을 좋게 마무리하고 흔들리지 않는 삶으로 민첩하게 복귀할 수 있을까' 하고.

나의 불행한 사건을 수군거림으로 한 번 더 상처받고 있다면 그것을 무시하면 될 일이다. 작정하고 내가 먼저 삭제시키면 몇 개월 뒤 그것은 자연적으로 사라진다. 얼마간의 시기만 벗어나면 된다. 중요한 것은 '수군거림'이 있는 그동안 자신이 불필요한 시달림에 동요되고 있었느냐, 아니냐의 문제이다. '그렇다'라고 한다면 이제부터 그것을 삭제시키는 방법을 익히면 된다.

수군거림을 삭제시키는 방법

당신을 보는 눈초리가 따가울 때 - 미소로 덮기

웃으며 인사말 건네기 "안녕들 하세요. 좋은 하루!"

스스로 사람들의 생각처럼 그렇게 심각하지도 불행하지도 않다는 것을 보여주자.

당신에 대한 주제 거리가 돌고 돌아서 들릴 때 – 들리는 즉시 버리기

본인의 이야기가 들리면 '맞는 부분도 있네, 하지만 진실은 아니야. 남의 얘기를 하고 있나 보네'라고 생각하자. 마음이 여유롭게 대응하면 상처가 없다. 듣는 즉시 가까운 쓰레기통에 버리자.

친하지 않은 사람이 묻는다면? – 피하지 말고 간단 명료하게 대답하기

"아 그거요? 제가 잘 처리 중이지요!"

더 이상 묻지 않게 잘라 버리면 된다. 남의 일이니 신경 쓰지 말라는 느낌을 받을 수 있게끔. 단호하게. "제가 잘 알아서 하고 있어요!"라고 끼어들지 못하게 한다.

당신을 조심스럽게 관찰하고 배려하는 친밀한 사람들을 만났을 때

말없이 당신의 행동만 관찰하는 경우는 가족이나 친밀한 친구이다. 그들은 진심 어린 걱정을 하고 있다. 하지만 가까운 사람끼리 어쩌다 말이 나와서 수군거릴 수도 있다. 이런 '내 울타리 안의 사람들'에게는 우선 걱정을 없애주어야 한다. 더 이상 남들과 말이 섞여 이야기가 돌아다니지 않도록. 미소 띤 얼굴을 보여주면 맘 놓을 것이다. "잘 진행 중이니 아무런 걱정하지 마세요"라고 말해준다. 항상 하던 대로 변함없이 행동한다. 달라지지 않은 모습으로 대한다.

일반적으로 사람들은 당신이 얼마만큼 아파하고 있을지에 관심이 없다. 당신의 불행이 그들의 '심심풀이 땅콩'이 될 수도 있으니까. 진심으로 걱정해주는 사람은 몇 없다는 생각이 들 수도 있다. 본인이 강해져야 극복할 수 있다. 헤어짐이 힘든 과정이지만, 헤어짐 후 '홀로서기'가 더 힘들 수도 있다. 자기 자신이 강해지면 상처는 쉽게 치유될 수 있다. 그리고 타인들의 수군거림을 한 귀로 듣고 한 귀로 보내버릴 수 있게 된다. 어느 누구도 당신을 더 이상 괴롭힐 수 없다고 마음속으로 외쳐라. '수군거려도 괜찮아!', '이까짓 거!'라고. 헤어짐은 새로운 인생을 맞이하기 위한 과정이다. 더 빛나고 더 즐거운 '갓백 싱글 라이프'는 온다. 그것은 앞으로의 마음가짐에 달려 있다.

비졸리의 말!

누군가의 '말장난'은 진실이 아니다. '장난'이라고 생각해야 그저 장난으로 그친다. '장난'이란 것은 나의 인생에 어떠한 변화도 줄 수 없다.

·2장·

갓백 희망 리스트 & 기억 리사이클링

혼자되면 꼭 해보고 싶었던 Want List

갓백 라이프가 되어 '혼자'가 되면 제일 먼저 무엇이 하고 싶은가? 나에게는 이것이 희망 리스트였다. '바다로 가는 열차를 타고 혼자서 멀리 여행을 가고 싶다'라는 로망. 결혼 생활에서는 자유롭지 못한 상황이라서 그랬을까. 자유가 무척 그리웠다. 그래서 갓백의 라이프가 되자 혼자만의 여유를 현실로 느끼고 싶었다. 한편으로는 앞으로의 인생을 위해 정리하는 시간도 필요했다. 그래서 '혈혈단신' 떠나는 여행이 나의 'Want List'의 첫 번째였다.

성별로 본 Want List

남자와 여자의 자유 느낌은 각각 다르다. 내가 알고 지내던 이들 중 이별을 겪은 몇몇에게 개별 리서치를 실시했다. 다들 사는 지역이 달라서 일일이 만나서 물어보는 것이 번거로웠지만 그런 계기를 통해서 오랜만에 '차 한잔의 힐링'이 되었다. '문장 나열하기'는 어린 시절로 돌아가 소원을 비는 맑은 느낌이었고, 함께 나누는 시간은 '문장 게임'을 하는 것과 같은 묘미가 있었다.

이별 후 무엇 무엇을 하고 싶은지 물은 다음, '아주 소소하게 하고 싶은 것'을 열 가지 정도 적어보라고 했다. 그리고 약간의 유머를 섞어서 이렇게 말했다.

"혹시 아나요? 제가 '알라딘 램프의 지니'라도 되어서 몽땅 한 번에 들어줄 수 있을지……."

'갓백'의 자유를 얻은 사람들이 성별에 따라 가장 많이 선택한 열 가지는 아래와 같았다. 남녀가 함께 중복되는 항목도 있고 전혀 다른 것들도 보인다. 앞에는 자유를 의미하는 '맘대로'를 붙여보았다.

여성의 Want List 열 가지

맘대로 외출한다.

맘대로 입고 맘대로 화장한다.

맘대로 먹고 잔다.

맘대로 TV 채널을 선택한다.

맘대로 사고 싶은 것을 산다.

맘대로 가족과 친지를 만난다.

맘대로 새로운 사람을 사귄다.

맘대로 성형을 한다.

맘대로 집을 꾸민다.

맘대로 취미 활동을 한다.

남성의 Want List 열 가지

맘대로 술을 마시고 담배를 피운다.

맘대로 외출한다.

맘대로 돈을 쓰고 다닌다.

맘대로 친구와 지인을 만난다.

맘대로 새로운 사람을 사귄다.

맘대로 먹고 잔다.

맘대로 낚시를 가거나 여행 간다

맘대로 동호회에 가입하고 활동한다.

맘대로 밤새 게임을 한다.

맘대로 어질러놓고 치우지 않고 산다.

남녀의 공통적인 소소한 사항들은 '외출'과 '먹고 자고' 그리고 '소비 욕구'와 '사교'였다.

여러분은 어떠한가? 각자 여러 가지 희망 리스트를 가지고 있을 것이다. 갓백이 되면 인생을 다시 선물 받은 듯 느껴질 것이다. 억압의 피로도 없어지고 자유도 넘친다. 자유를 얻으면 자율도 있어야 잘 살 수 있다. 갑자기 혼자가 되었다고 방종으로 흘러가면 안 된다. 이 기회를 잘 이용하여 재기의 삶을 멋지게 계획해보자. 처음에는 단순하고 쉬운 일부터 만끽해본다.

'Easy List'로 잠깐의 맛보기를 끝내면 진중한 성취의 단계로 돌입해야 한다. '자격증 도전', '월수입이 많은 직장으로 옮기기'처럼 3개월 이상의 시간과 노력이 드는 'Difficult List'도 만들어보자. 예를 들자면 '환경이 좋은 지역으로 이사하기'처럼 큰돈이 필요한 경우에는 1년 이상 장기전에 돌입해야 한다.

인생은 무한대가 아니다. 기회가 주어졌을 때 다시금 도약을 꿈꾸어야 한다. 열심히 살고 행복을 만끽하자. 그것이 혼자 된 '자신'을 사랑하는 길이다.

Want List 어떻게 하면 잘 계획할 수 있을까?

혼자되면 하고 싶은 'Want List'도 마구잡이로 하는 것보다는 차근차근 잘해야 한다. 먼저 할 일, 나중 할 일의 순서를 정하면 좋다. 원하는 리스트를 각자 작성해보기에 앞서 아래 문장들을 읽어보자. 순서대로 실행해보기 바란다.

- 혼자되면 꼭 해보고 싶은 리스트를 쭉 적는다.
- 실현 가능하고, 쉽게 할 수 있는 부담 없는 것을 먼저 체크한다.
- 좀 더 어렵고 복잡하고 시간과 노력이 필요한 목록을 고른다.
- 본인이 가지고 있는 여유시간에 맞추어 '쉬운 목록'과 '어려운 목록'의 성취 일정을 잡아본다.
- 일정대로 꼭 해본다. 행동에 옮긴다. 미루지 않는다.

• 성공 소감을 메모한다(얼마나 보람찼었는지, 나중에 보면 기억하게 되고 피드백으로 사용할 수 있다).

나의 갓백 라이프를 힘나게 했던 비졸리 플랜

'이번 성탄 선물로는 지혜를 주세요. 제 인생을 다시 잘 설계할 수 있도록.'

2001년 가을, 나는 이런 기도를 했었다.

당장 혼자되고 나니, 갑자기 불빛이 어두워진 듯 마음이 두려워졌다. 마음 저린 이별의 아픔을 빨리 잊고 당당하고 싶었다. 그리고 내 인생의 찬란했던 그 순간으로 다시 돌아가고 싶었다. 할 수 있으면, 아니! 할 수 있는 마음의 준비는 이미 되어 있었다. 조금이라도 축복이 보태진다면 100퍼센트 가능한 것이었다.

계획적이고도 안전한 자립을 위해 3개월씩 분기마다 'Goal'을 만들 수 있는 네 조각짜리 퍼즐을 만들었다. 각자의 조각들이 연결되면 1년의 큰 그림이 되듯이.

계절마다 또는 분기마다 '내가 하고 싶을 것들'과 '할 것들'을 그 퍼즐 안에 적었다. 비교적 알차고 디테일하게 할 일들이 결정되었다. 시작부터 벅차올랐고, 다시금 잃었던 에너지가 재생산되는 느낌이었다.

3, 6, 9, 12 특별한 숫자가 되는 달마다 나의 성과가 기다려졌고, 계절이 바뀌는 시기마다 부는 바람에 성취의 향기를 맡고 싶었다. '싱글 라이프'의 계획, 나의 '갓백 라이프'를 힘나게 했던 플랜을 이곳

에 소개하고 싶다.

장기 계획 : 크리스마스 자립 나무 만들기(1년 롱 플랜)

계획을 1년 단위로 세우며 비교적 길게 내다보는 목표를 세울 때 1월부터 시작하여 12월 연말쯤에 모든 목표를 달성한다(목돈, 집 또는 직장 이동, 창업 계획 등).

1, 2월 : 실행 준비하기(새싹 틔우기)

3~8월 : 실행하기(나무로 자라기)

9~11월 : 실행 결과 체크하기. 열매 맺기

12월 : 수확하기(기프트) → 자립 나무 목표 성취 후 나무 꼭대기에 별 달기(크리스마스 별 달기)

단기 계획 : 3, 6, 9, 12 사각 퍼즐 만들기(3개월 쇼트 플랜)

계획을 짧게 3개월(분기)마다 세우며, 단기간의 성취 체크를 원할 때 하며 배움, 자격증, 취미 생활, 친구 사귀기 등을 주제로 3월, 6월, 9월 12월 말일마다 성취를 점검한다.

처음에는 계획적으로 정해 놓고 생활하는 것이 여유 없고 빡빡한 생활인 것처럼 느껴진다. 그러나 몇 주가 지나면 규칙이 몸에 배어서 수월해진다. 플랜을 세워 열심히 살았던 나의 싱글 라이프는 언젠가부터 다시 빛나고 있었다. 밝은 빛을 내며 화사하게 미소까지 짓고 있었다.

※ 크리스마스 자립 나무와 3, 6, 9, 12 사각 퍼즐은 '싱글라이프ok비졸리' 카페를 방문하면 확인이 가능하다(https://cafe.naver.com/bejollyok).

비졸리의 말!

원하는 것을 할 수 있는 기회는 항상 있는 게 아니다. 주어진 '바로 그때'가 기회다.

풍요로운 삶을 준비하는 데 필요한 Need List

나는 개인적으로 돈에 대한 '만능주의'를 좋아하지 않는다. 돈이 있기에 사는 것이 편리해지는 건 사실이다. 돈이 삶에 여러 가지 도움을 가져다주는 것도 사실이다. 부인하지 않겠다. 그러나 모든 것에 '1번'으로 '돈'이 자리해버린 세상은 안타깝고 슬픈 마음을 갖게 한다.

풍요는 행복감을 느끼게 만드는 넉넉함이다

'풍요'란 행복감을 느낄 수 있게 만드는 '넉넉함'이다. '돈'도 그중 한 가지지만, 나는 그것을 맨 앞자리에 앉히고 싶지는 않다. 그것이 인생을 리드하는 삶을 원치 않는다. 풍요란 뭐니 뭐니 해도 마음으로부터 와야 오래간다. 가진 것이 없어도 마음이 넉넉하고 부자인 사람은 '나는 풍요롭다'라고 생각한다. 일명 '마음의 풍요', '마음의 만석꾼'이다.

풍요롭다고 느낄 때는 어떨 때인지 본인의 생각들을 종이에 적어보자. 풍요를 가져다주는 '니드 리스트'를 요점 정리하면 더 이해가 빠를 것이다. 예를 들자면 다음과 같은 경우 풍요롭다고 느낄 수 있다.

- 마음이 편해야 풍요롭다.
- 잘 먹고 잘 살아야 풍요롭다.
- 여유시간이 있어야 풍요롭다.
- 내가 하는 일이 좋아야 풍요롭다.
- 사랑하는 무언가가 생기면 풍요롭다.
- 돈? (적당히 또는 많게)
- 마음을 나누는 친구가 있으면 풍요롭다.
- 즐길 수 있는 취미 활동이 있으면 풍요롭다.

풍요로운 삶을 위한 Need List

마음

시간이 많건 없건, 가지고 있는 것들이 '차고 넘치거나 부족하거나'를 앞서 마음의 상태가 가장 중요하다. 남들이 보기에는 '혀를 차는 상황'이 되더라도 내가 평화롭고 행복하면 그만이다.

풍요 중에서 가장 중요한 것은 '정신적인 풍요'라고 생각한다. 남들에게 마음을 나누어주면서 행복한 사람도 있다. 내가 가지는 것보다 베푸는 마음이 본인에게 풍요를 가져다주기 때문이다.

무엇이든 나를 기쁘게 만드는 것은 '마음의 풍요'를 선사한다.

시간

시간에 쫓기다 보면 지치고 피곤하다. 피곤한 상황에서 여유시간이 주어지면 '꿀맛'이 된다. 좋아하지도 않는 업무에 시달리며 경제적 여건을 위해서 심하게 일하는 사람들도 있다. 하루 열 시간도 넘게 일만 한다면 결코 행복하기 어렵다. '내가 사랑하는 사람들과의 시간'을 가지는 것도 중요하다. '내가 나를 바라볼 시간' 정도의 여유는 필요하다.

물질

물질적인 것은 없어서는 안 되지만 심하게 집중적으로 갈망하면 삶의 중심이 흔들린다. 무엇이든 돈으로 해결하려 하지 말고, 마음과 물질을 적절히 믹스하면 그야말로 건강하고 좋은 삶을 유지할 수 있다. 물질은 나에게 기쁨을 주는 수단이 된다. 그러나 목적은 아니다.

'갓백 싱글 라이프'의 계획은 본인이 인생항로를 정하는 것에 달렸다. 무엇을 중심으로 삶의 목표를 정할 것인지, 정작 필요한 것들이 무엇일까 생각해보는 시간을 가지면 좋겠다.

새로 열린 삶의 선물을 좀 더 가치 있게 만들어보자. 지나온 삶보다 더 풍요롭게 가꾸어가자. 현재 자신이 가진 것보다 노력으로 만들 수 있는 것들이 의외로 참 많다. 부지런히 노력하면 생긴다. 싱글 라이프가 '생글 라이프'가 될 수 있다. 마음의 풍요와 물질의 풍요까지.

비졸리의 말!

'풍요로운 삶'이란 목표를 세우고, 그것을 향해 노력하는 자의 것이다.

나의 인생에서 꼭 이루고 싶은 Bucket List

버킷 리스트는 'Kick the bucket'이란 말에서 나왔다. '킥 더 버킷'은 중세시대에 만들어진 말로 '죽기 전'이라는 속어로 쓰였다. 이 말이 국내에 널리 알려지게 된 것은 영화 <버킷 리스트>가 상영된 후부터이다. 영화는 '죽음'이라는 것 앞에서도 '희망'이 주는 힘과 용기를 보여준다. 불가능했던 것들을 가능으로 바꾸는 행복과 기쁨도 함께 느낄 수 있게 해준다.

'죽기 전에 이것만은 꼭!'

'인생 한번 태어났으니 하고 싶은 것은 해봐야지!'라며 소원으로 이루고 싶은 것이 있을 것이다. '꼭 성취 하고픈 것', '꼭 보고 싶은 것', '꼭 내 손으로 만들어보고 싶은 것'이 있을 것이다. 그것은 시간이 오래 걸리는 어려운 일일 수도, 마음만 먹으면 당장이라도 도전이 가능한 것일 수도 있다. 어느 쪽이든 괜찮다. 달성하고자 하는 목표가 마음속에 식지 않고 있으면 된다. 언젠가는 '드디어 해냈다!'라고 쾌재를 부르며 만족감에 미소가 절로 나게 될 테니까.

- 죽기 전에 꼭 해보고 싶은 일들(예시) : 배낭여행 떠나기, 패러글라이딩 타보기, 번지점프 해보기, 100만 원 맘껏 써보기, 캠핑카 여행하기 등
- 죽기 전에 보고 싶은 것들(예시) : 나이아가라 폭포 보기, 무인도 가보기, 어린 시절 살던 곳 가보기, 누드비치 가보기, 우주여행 가서 행성 바라보기 등
- 죽기 전에 만들어보고 싶은 것들(예시) : 내 평생의 연인 만들기, 몸짱 만들기, 내 손으로 멋진 펜션 짓기, 예술작품 만들어서 전시하기, 발명품 만들기 등

싱글도 희망도 '갓백'

갓백 싱글 라이프가 되면 부가가 될 가능성이 많다. '불가하다 불가능하다'라고 되뇌던 것들도 어느새 '가능하다'로 바뀌어 있을 수도 있다. 할 수 있을 법한 새로운 희망도 더 부가된다. 그리고 이것들을 이룰 수 있는 확률이 더 상승한다. 자유가 있고, 혼자서 할 수 있는 결정권이 생기기 때문이다.

버킷 리스트는 어른아이를 어린아이처럼 들뜨게 하는 묘미가 있

다. 평소에 묵직한 어른 노릇을 하다가도 버킷 리스트를 실천할 때는 달라진다. 아이처럼 신이 나고 심장이 두근거릴 것이다. 마냥 하던 일만 하고 살던 평상 생활에 새로움을 준다. 느긋하게 단추 풀린 옷'처럼 늘어져 있다가도 역동적인 자세가 절로 나올 것이다. '나'의 가능성의 최대치를 시험하고 싶어진다. 모험가처럼 '용기'라는 것이 생겨난다. 최선을 다해 노력하는 '오기'라는 것도 생겨난다.

"희망은 볼 수 없는 것을 보고 만져질 수 없는 것을 느끼고 불가능한 것을 이룬다"고 했다. 헬렌 켈러의 희망 명언이다. 못할 것이라는 생각은 접자. 희망이 있으므로 가능하다. 다시 찾은 싱글의 삶에서는 충분히 가능한 일이다. 복잡하고 신경 쓸 것들이 많았던 결혼 생활에서 탈출했다. 좀 더 홀가분하게 실현할 수 있는 기회가 왔다. 싱글로 '희망'도 '갓백'이 된 것이다. 이것은 '마음먹으면 할 수 있는 일'이 된다. 불가능으로 치부하고 방치해놓았던 나의 '버킷'이 소리를 내고 있다. 이제는 양동이 안에서 나의 꿈을 하나씩 꺼내어 실천할 때이다.

비졸리의 말!

갓백 버킷리스트는 싱글의 삶을 환기시키는 임팩트(impact: 충돌, 영향)이다.

내가 잘못한 Mistake Recycling

'소 잃고 외양간 고친다'는 말에서 알 수 있듯이 우리는 앞을 내다볼 수 없는 존재이다. 그 당시에는 그것이 제일 잘하는 방법이라 생각했을 수도 있다. 알고도 잘못된 길로 갔을 리는 없다. '잘못'은 결과가 나오는 순간 바로 '잘못했구나'라고 느낄 수 있다. 그러나 완료 형태에서만 알아본다. 그러니 더 이상 미래에는 연결시키지 말 것. 이것이 '잘못'의 '노 백업'의 법칙이다.

과거는 버리고 미래를 구축하라

'실수'는 우기기 나름이다. 남들이 나의 행동을 보고 '아이구, 실수했네!' 하더라도 본인이 '실수가 아니에요'라고 하면 정상이 된다. 실수는 변명으로도 '급대체'된다. 실수에 대해서는 다들 자비롭다.

도끼눈을 뜨고 바라보는 사람들의 눈꼬리가 내려가게 하는 묘한 재주도 가졌다. '죄송하지만 실수였습니다!'라고 말하는 순간 상대의 마음 빗장이 '툭!' 하고 풀어진다. 하지만 실수라고 해서 계속적으로 상대방의 연민을 가져올 수 있는 것은 아니다. 실수는 더 이상 '노익스큐즈(변명 없음)'이다.

이제는 과거를 버리고 미래를 구축할 때다. 싱글 라이프의 화려한 비담(비주얼 담당)이 되어야 한다. 남들이 부러워하는 '내가 제일 잘나가!'의 모델이 되어보자. 다만 먼저 짚고 넘어갈 것이 있다. '내가 무엇을 잘못했을까?', '내가 무엇을 실수했을까?'의 점검은 필요하다. 같은 잘못을 반복하고 실수를 변명으로 덮지 않기 위해서.

내가 잘못한 것들에는 무엇이 있었을까

- 너무 순진했던 것, 일명 '착한 바보'
- 너무 쉽게 생각하고 산 것 , 일명 '단순 바보'
- 너무 심각하게 생각하고 산 것, 일명 '예민 덩어리'
- 너무 정신 못 차리고 살아왔던 것. 일명 '노브레인'

나의 실수에는 어떤 것들이 있었을까

- 솔직함으로 대하지 않은 실수
- 최선으로 노력해보지 않은 실수
- 배려와 인정을 하지 않은 실수
- 소중한 것들을 알아보지 못한 실수

경험 영양제

위의 리스트를 나열해보는 것은 나의 과거를 가져다 미래에 영양가 있게 쓰기 위해서이다. 본인이 지나온 과거에서 잘못과 실수가 짐이 된다면 빨리 벗어버리고 던져야 한다. 그러나 나에게 약으로 쓰인다면? 기억에서 지우기보다는 '기억하라!' 이것은 새로운 희망을 위하여 좋은 거름이 된다. 썩은 퇴비가 좋은 열매를 맺게 하는 것처럼. 리사이클링(재활용)이다. 잘못과 실수를 파악하는 것은 앞으로의 삶에 돈 주고도 못 사는 '경험 영양제'로 쓰인다.

내가 결혼 생활에서 실수나 잘못을 해서 갓백 싱글 라이프가 되었다고 생각하는가? 혹시라도 그렇다면 앞으로가 중요하다. 더 최선을 다해 살면 된다. 노력한 만큼 더 큰 행복감을 맛볼 수 있다. 행복으로 골인할 지점이 만 리가 되어도 괜찮다. 마음의 자세가 시작이다. 자세가 행동으로 시작되면 100걸음 중에 이미 50보가 진척된 것이다.

비졸리의 말!

과거의 '잘못'과 '실수'는 미래의 '슈퍼 비료'이다.

나를 힘들게 하는 Hurt Recycling

우리는 살아가면서 여러 대상으로부터 상처를 받는다. 특히 갓백 싱글 라이프로 되돌아온 사람들은 배우자로부터 많은 상처를 가지고 있다. 그 상처는 쉽게 사라지지 않아서 한참 동안 '나'를 괴롭히고 기운 없게 만든다. '시간이 가면 나아지겠지……' 하며 세월을 '만병통치약'이라 믿기도 한다. 물론 시간은 상처를 덮는 데 특효약이다. 하지만 시간이 오래 흐르도록 상처를 방치해선 안 된다.

괴로움으로 힘이 들 때 쉴 수 있는 마음의 집을 마련해야 한다. 그 마음의 집은 가까운 곳에 있다. 내가 무언가를 하면서 마음의 안정과 평화가 온다면 그것이 바로 '마음의 집'이다. '쉼터'이다.

마음의 집을 얻기 위해 시도할 수 있는 일들

- 하루 중에 본인만의 시간을 만들어 명상 또는 힐링의 시간을 갖는다 : 좋아하는 차를 마시거나 서점을 둘러보는 일. 또는 음악을 듣거나 명상을 동반하는 운동을 하면 좋다.
- 아무 생각 없이 집중할 수 있는 일을 한다 : 컴퓨터 게임을 하거나 오락, 독서, 영화, 맘먹고 하는 특별한 쇼핑도 좋다.
- 보람 있는 일을 찾아서 성취한다 : 미래의 직업을 위해 배움을 갖는다. 자격증 준비, 봉사활동, 가르치고 상담하는 일, 애완동물을 입양해서 키우는 일 등이 이에 속한다.
- 만나서 즐거워지는 사람과 미팅을 한다 : 관심 있는 이성, 친밀한 친구, 가족들과의 모임, 동호회 모임 등을 하면 좋다.
- 재미있거나 행복을 느낄 수 있는 취미를 만든다 : 춤, 노래, 악기, 스포츠 등이 행복을 가져다줄 수 있다.

바로 치료를 시작하자

심리학자나 정신의학자들이 인간관계에서 상처받은 마음을 '내면 아이'라 칭한다. 상처받은 마음 안에는 어린아이 같은 '마음의 아이'가 있다는 것이다. 서너 살짜리 어린아이와 같은 자기 내면을 말한다. 내면 아이는 다른 말로 '신성한 아이'라고도 한다.

내면 아이 치료전문가인 존 브래드쇼(John Bradshaw)에 따르면 내면 아이는 긍정적인 면과 부정적인 면이 있다. '상처받은 내면 아이'는 부정적인 면을 말한다. 과거의 경험이나 기억으로부터 상처받으면 '상처받은 내면 아이'가 마음 안에 자리 잡는다. 그래서 방치하면 인생에 지속적으로 태클을 건다. 스트레스 상황에서 불안하게 작용하며 겁도 많게 된다. 유아기 어린아이가 대상을 두려워하는 것과 같다. 순화가 안 되어서 과거의 일로 인한 또 다른 불행으로 연결될 수도 있다. 인생에 지속적으로 악영향을 끼친다. 상처 입은 '내면 아이'를 치료하는 것은 '나'의 미래를 돌보는 것과 같다. 과거의 상처는 과거에서 끝나야 한다. 그리고 앞으로 '불행'은 얼씬도 하지 않게 해야 한다.

부정적인 면과 달리 긍정적인 면은 좋은 효과를 가져다준다. 과거의 상처를 이해하고 잘 돌본다면 다른 아이가 자리 잡게 된다. '놀라운 아이(wonder child)'다. 상처받은 마음(내면 아이)이 잘 치료되면 좋은 모습으로 바뀐다. 긍정적인 내면 아이가 된다. 놀라운 아이는 놀랄 만한 일들을 만드는 마음의 원천이 된다. 이것은 인간의 창조적인 에너지를 쭉 끌어올리는 핵이 된다.

갓백 싱글 라이프에서 당신이 만약 새로운 연인을 만난다면 어떤 사람이기를 바라는가? 아픈 상처를 건드리지 않고 포근히 품어줄 수 있는 사람이기를 바랄 것이다. 상처를 아물게 할 것 같은 기적의 연인을 기다릴 것이다. '나'를 있는 그대로 인정해주길 원할 것이다. 안정감을 줄 사람을 만나고 싶을 것이다.

남녀는 사랑하고 의지할 수 있는 존재를 만나면 신비한 일이 생긴다. 정말로 마음의 상처가 사라진다. 놀랍게도 마음을 모조리 열고 솔직해지기도 한다. 사랑의 약효가 잘 작용한 것이다.

우리는 인생의 풍파에 흔들릴 것을 알면서도 부대끼며 산다. 그러고는 여기저기 '생채기' 난 마음을 이끌고 또 쉴 곳을 찾는다. 마음의 안식처를 찾아다닌다. 복잡한 가운데서도 마음이 살 곳을 찾아 고요함과 평안을 바란다.

현재 '내 안의 내면 아이'가 무엇을 바라고 있는지 생각해보자. 내 안을 들여다보라. 숨겨둔 상처가 있다면 지금 바로 치료를 시작할 때이다. 늦지 않게!

비졸리의 말!

상처 난 '내 마음의 아이'가 완쾌되는 순간, 미래의 행복이 시작된다.

• 3장 •

자아실현

온전한 내가 되다

'당신이 당신답게 되다'라는 말을 다른 말로 하면 '내가 나답게 되다'라는 의미도 된다. 사람이 일평생 살면서 진정한 나처럼 사는 삶은 얼마만큼의 기간일까? 아주 쉬워 보이는 말로 들리지만 어려운 실천이 숨어 있는 수수께끼 같은 말이다. 태어나서 유아기와 청소년기의 학창 시절은 물론 성인이 되는 대학 시절까지도 우리는 '케어'라는 명목으로 부모의 간섭에 휘말려 있다. 대학을 가고 전공을 선택하는 것도 온전히 '자신의 몫'으로 주어지지 않는다. 그나마 결혼은 맘대로 사랑하는 사람과 한다면 다행히도 축복받을 일이다.

결혼 후의 갓백 라이프! 이제 이것이 주제가 되었다. 이것은 온전히 나를 주인으로 맞으려 한다. 앞으로 벌어질 일을 고스란히 그대로 새로운 인생 바구니에 담을 것이다. 어떤 삶의 주인이 될 것인가 생각해보자. 다시 기회가 된 싱글 라이프를 살찌우게 할 일이라면 각오를 단단히 해야 한다. 더 이상의 후퇴는 없다. 직진으로 전진한다. 스포트라이트를 받는 제2의 삶에 도전해보자.

다음은 '내가 온전히 내가 될 수 있는' 실천법이다.

과거보다 현재에 집중한다

과거는 지났으니 자꾸 되돌아보려 하지 마라. 그 시간을 현재에 투자하면 미래가 밝아진다. 뒤를 돌아보면 '반성'이라고 하지만 그것을 '현재'로 가는 곳곳마다 질질 끌고 다니지는 마라. '반성'은 짧게 명료하게! 그리고 앞을 향해 고민하기를 권장한다. 현재를 최선으로 살다 보면 아름다운 미래는 믿는 대로 오게 된다.

주저하지 말고 시도하기

다시금 '삶의 대단원'이 시작되었다. 그간 못해본 것들은 지금을 위하여 과제로 남아 있었다. '못해보고 후회'란 없다. 실패를 하더라도 괜찮다. 시도해본 것에 미련은 남지 않는 법.

당신의 방식대로 행복을 추구하라

원하는 것들을 각자의 방법대로 진행하면 된다. 누구의 간섭대로 삶을 조정하지 않는다. 좋아하는 방식으로 삶을 이끌어라. 남이 이끄는 대로 끌려가서는 안 된다. 그 사람들이 '갑질'할 삶이 아니

다. '당신 자신의 것'이다. 'My style, My way!'

남과 비교하지 않고 산다

비교는 가치 척도를 혼란스럽게 한다. 누구와도 비교하지 말자. '나는 나대로' 잘 살면 된다. 내 의지대로 밀고 나간다. 그러면 행복으로 가는 '만족감'을 얻게 된다. 내 삶의 기준은 나에게 맞추기.

계획하며 산다

계획하면 내가 어디쯤 가고 있는지를 알 수 있다. '주먹구구식'으로 사는 삶은 진행 방향과 진행하는 길을 보기 어렵다. 계획대로 100%를 진행하지 못해도 계획은 필요하다. 나의 행로를 파악하는데 중요하다. 계획 없는 삶은 '밸런스'가 없다. 계획하고 균형 잡기.

재미있게 산다

행복과 재미는 다른 말이다. '재미'는 흥미를 느끼고 즐거움을 맛보는 것이다. 만족감이 없어도 재미는 발생한다. 매 순간 재미를 자아내는 생활은 삶을 행복하게 만든다. 재미있는 인생을 사는 사람은 시간 가는 줄 모른다. 나이가 들어도 늙지 않는다. 늘 청춘이다.

비졸리의 말!

'내가 나처럼 된다'는 것은 '삶의 경쟁자'란 존재하지 않는 삶이다.

악몽이 길몽이 되다

'드림캐처'의 기원은 아메리카 인디언이 만든 수제 장식에서 시작되었다. 거미줄 모양의 성긴 그물과 깃털 장식, 구슬 등의 신성한 소품으로 꾸며진다. 둥근 원 안의 거미줄은 꿈속으로 들어오려는 악몽을 잡아준다고 한다. 그물에 매달아놓은 원석 구슬은 잡힌 악몽을 의미한다. 매달린 악몽은 새벽의 햇빛을 받으면 이슬이 되어 'Great Spirit'에게로 사라진다. 거미줄을 통과해 걸러진 꿈은 남겨진 좋은 꿈이다. 이것은 아래에 달려 있는 깃털에 스며들어 사람에게로 온다. 오로지 좋은 꿈만 사람에게 스며든다.

갓백 싱글이 되기까지 저마다의 깊은 사연이 있을 것이다. 결혼생활이 더 이상 유지되지 못하고 싱글로 돌아온 사람들이 있다. 겪었던 과거의 과정들은 악몽이 되고도 남을 것이다. 다시는 꾸고 싶지 않은 꿈으로 가슴속 깊이 자리 잡을 수도 있다. 내 마음의 위안을 위하여 '드림캐처'를 마음속에 걸어놓으면 좋을 것이다. 내 마음의 '드림캐처'는 더 이상 나를 괴롭히지 않을 '꿈의 수호자'가 된다.

내가 가지고 있는 악몽 없애기

과거의 기억 저장소에서 삭제하기

가장 빠르고 확실한 악몽 퇴치 방법이다. 기억에서 내보내는 방법. 그러나 가장 어려운 방법이기도 하다. 이것은 '마인드컨트롤'이 확실히 될 수 있는 사람에게나 가능하다. '쓸모없는 기억이니 지워버려야지', '그까짓 거 확 쓰레기통에 버리면 되겠지' 하고도 어느 순간엔가 '의지 박약자' 같은 행동을 하고 있는 자신을 발견하는 경우가 많다. 쓰레기통에서 구겨진 종이를 꺼내어 펴보듯 다시 옛 것을 바라보는 경우가 생긴다. 악몽 삭제 시 유의할 점이 있다. 한 번 버린 쓰레기는 다시 줍는 것이 아니다. 버리는 순간 '못 쓰는 것'이라는 자신의 판단을 믿자.

과거의 생각 정리 정돈하여 수납하기

과거의 것들에 많은 의미를 두며 사는 사람들이 있다. 좋은 기억은 추억이라며 잠깐을 생각해도 입가에 미소를 만든다. 반면, 나쁜 기억은 불현듯 튀어나와 우리의 고개를 좌우로 털어버리게 만든다. 과거의 생각은 정돈하자. 버릴 수 없다면 심플한 방향으로 정돈하는 방법이 있다. '내 인생에 이런 사람이 있었지…… 그래도 지금은 괜찮아', '모두 지난 일이야. 좋은 일도 있었잖아'라고 생각하자. 그리고 서랍의 한 구석에 정돈하면 된다.

과거의 괴로움은 현재의 즐거움으로 겹쳐서 삭제하기

과거의 괴로움이 현재에 지속적으로 영향을 주는 경우가 있다. 잊으려 잊으려 해도 나쁜 기억의 토네이도에 강타를 당하곤 한다. 연관된 장소에 가거나, 물건을 보거나, 음악을 듣거나 하면 불쑥불쑥 기억과 연결이 되는 경우. 확실하게 지우거나 단순하게 '파일화' 하는 컨트롤이 잘 안 된다면 오버랩하면 된다. 더 색채가 강한 것으로 겹쳐지게 한다. 예전의 사연 있는 같은 음악을 들으면서 기억에 남을 만한 아름다운 추억을 만들면 된다.

인생길에 악몽을 끌고 다니지 마라

사람과의 관계에서 오는 괴로움과 편견은 미래 인생에까지 지대한 영향을 미친다. 예를 들자면 '알코올중독'에 빠졌던 사람과 살았던 사람은 술 마시는 사람만 보아도 과거의 상처가 겹쳐 보일 수 있다. 그래서 사람들에게 편견 없이 다가서지 못한다. 오랜 시간 꼼꼼히 관찰만 하다 끝나는 경우도 있다. 갓백 싱글이 된 사람들은 사람들과의 관계란 관찰이 필수가 된다. 겪어온 일들과의 경험에서 나온 쌉쌀한 맛의 약으로 작용한다.

내가 사는 삶은 순간순간 무척 소중하다. 그것이 모여서 하루가 되고 한 달이 되고 나의 인생이 된다. 내가 행복하게 살고 불행을 느끼는 것은 모두 마음먹기 나름이다. 그리고 행운이 필요하다면 행운을 끌어오면 된다. 그것도 마음이 한다. 마음의 자석이 끌어당기는 힘을 발휘한다. 과거의 나쁜 기억은 '드림캐처'로 잡아내고 행운의 기적은 마음의 '마그네틱'을 부착하기 바란다. 모든 것은 본인의 생각을 긍정으로 정립하는 데에서 갈 길이 펼쳐진다.

이제부터 인생길에 악몽을 끌고 다니지 말라. 더 이상 나를 괴롭히는 것은 없다. 꿈속에서도 악몽 대신 길몽만이 찾아올 것이다.

비졸리의 말!

나쁜 기억은 '삭제 버튼', 좋은 기억은 '저장 버튼'

긍정이 매직이 된다

"다시 찾은 '혼자'라서 그런가, 막 힘이 난다!"

M 씨의 말이었다.

'슬픔에 휩싸일 시기일 텐데, 뒤따라오는 저 희망의 말과 후광은 무엇일까…… 힘이 난다니. 약간은 어이없는 말이네.'

이별 후 그간 못했던 것들을 열심히 하면서 다시 젊음의 샘물을 마신 사람인양 활동한다. 그는 결혼 전에도 '팔방미인'이라는 소리를 들을 정도도 여러모로 능력자였다. 주변 사람들에게 인정도 쉽게 받았다. 사랑하는 여인을 만나 결혼에 골인하는 과정도 '탄탄대로'처럼 너무나도 쉬웠다. 그러나 그러한 결혼 생활이 3년 만에 막을 내렸다. 짧은 결혼 생활에서 자녀는 얻지 못했다. 그는 아쉬움 대신 그것을 '다행'이라고 말했다. 그는 모든 자연 발생적인 과정들을 항상 감사히 여기면서 사는 '긍정주의자'였다. 결혼해서 아이가 안 생겨도 감사, 3년 만에 헤어졌어도 '인연이 아니니 헤어졌다'라고 감사. 그리고 다시 찾은 싱글 라이프도 감사였다. 그는 결혼 생활에서 바쁜 시간으로 못했던 일들을 하나씩 이루기 시작했다.

믿는 만큼 이루어진다

폭발적인 반응으로 미국에서 가장 짧은 시간에 가장 많이 팔린 론다 번(Rhonda Byrne)의 책 《시크릿(The Secret)》을 아는가? 이것은 2007년 2월 〈오프라 윈프리 쇼〉에도 소개된 바 있다. '당신의 인생은 당신이 원하는 대로 당신을 기분 좋게 만드는 긍적적인 생각으로 만들어진다', '긍정적 사고의 힘', '꿈은 이루어진다'라는 내용을 담고 있다. 《시크릿》이란 책에서 긍정적 마인드에 대한 '마술' 같은 작용이 있었다. 마술의 힘은 상식적인 판단으로는 이해가 가지 않는 기묘한 현상이다. 긍정적 마인드는 모든 좋은 것들을 자석처럼 끌어들여 원하는 것들을 얻는 데에 조정할 수 있는 '매직'으로 작용한다. 그리하여 결국 좋아질 것이라는 주문을 거는 사람에게 좋은 결론을 가져다준다고 한다. M 씨에게도 그것이 작용할 것인가. 그렇다. 믿는 만큼 더 확실하게 '자아실현'이 술술 이루어질 것이다.

'자아'란 자기 자신에 대한 가치를 인식하는 것으로부터 시작된다. 심리학에서 '자아'란 자신에 대한 의식, 심리적·정신적인 의미로 쓰인다. 정신분석학에서는 인간의 행동을 현실에 적응시키는 것이라고 한다. 이것들을 바탕으로 싱글 라이프를 계획해보면 먼저 긍정적으로 자신에게 질문을 던지며 주문을 걸어보면 좋을 것이다. 우리도 긍정의 매직을 걸어보자.

'자아실현'의 긍정적 사고

- '나는 대단히 가치 있는 존재이다'라고 생각하자.
- '나는 앞으로 어떤 사람이 되고 싶다'라고 의식을 가지고 되뇌어보자.
- '나는 그렇게 되기 위해서 잘 실천할 것이다'라고 다짐해보자.
- '나는 목표를 꼭 달성하여 더욱 능력 있는 사람이 될 것이다'라고 자기주문을 걸어보자.
- 원하던 그대로 '자아실현'함으로써 행복감을 느껴본다.

칼 랜섬 로저스(Carl Ransom Rogers)는 인간 이해와 이론적 가설에서 "인간은 사회적이고 미래 지향적이며 자아실현의 욕구가 있다"고 했다. 우리가 다시 찾은 싱글 라이프를 통해서 그간 겪었던 고난이나 일련의 아픔을 딛고 꿋꿋하게 일어서자. 앞으로의 지향하는 삶을 멋지게 계획하고 실행해보자. '내게 시간이 넉넉히 있다면 더 잘 해낼 수 있었을 텐데……' 더 이상 이렇게 생각하지 말자. 이제는 실천에 옮길 때이다. 그러면 분명 몇 년 후의 당신은 당신이 원했던 그대로의 더욱 능력 있는 사람이 되어 있을 것이다. '자아실현'이란 바로 이것이다. 하나씩 둘씩 쌓았던 꿈을 차근차근 이루어 내는 것. 이것은 부담이 되는 '거창함'도 아니고 그다지 어렵지도 않다.

당신은 현재 무엇을 바라는가? 지금의 '바람'이 이루어진다면 당신의 어느 점이 좋아지는가? 진정으로 그렇게 하기를 원하는 것인가, 현실적으로 충분히 실현 가능한가? 그렇다면 시간을 가지고 정성을 실어서 '자아실현' 계획을 세워보자! 어떤 일을 하고자 할 때 우리는 먼저 바람을 가진다. '잘될 것이다'라는 긍정적인 사고는 필수. 그리고 조금 더 확실하게 계획을 세우고, 그것을 여지없이 실행에 옮기게 되면 성공을 향한 불이 타오르기 시작한다. 실천에 박차를 가하는 만큼 결과는 더 확실해진다. 때로는 '컴아웃'된 결론을 중요시하기보다는 과정이 중요할 때도 있다. '크게 성공하기 위해서 한다'라기보다는 '내가 하고 싶은 것들을 결국은 해보았다'라는 실현감이 더욱 선물로 다가온다. 나를 실현시키는 그 과정이 좋아서 한다. 결혼 후 이별을 겪고 나서 그것이 힘들었던 만큼 나를 위해서 다시 행복을 만들 수 있는 불씨를 지피면 어떨까 한다. 밝게 빛나는 '갓백 싱글 라이프'를 위해서, 아직도 나의 인생으로 남아 있는 성장을 위하여!

비졸리의 말!

진정한 매직은 그 마법을 믿는 사람에게 더 크게 작용한다.

'자아실현'이란 오래된 장롱 안에 쌓여 있던 꿈들을 하나씩 하나씩 꺼내는 것이다.

아브라카다브라, 말한 대로 이루어지다

옛 이야기에 마술을 부릴 때 쓰는 말이 '수리수리 마수리'다. 주문에 마음을 실어 말하면 원하던 것이 현실이 되는 마법 주문이다. 우리네 소원을 빌 때도 주문으로 실현이 가능하면 좋겠다. 어린아이의 생각으로 돌아가 동심의 초능력을 발휘하고 싶다. '펑!' 하고 단번에 완성될 수 있다면? 그렇다면 백번이라도 거듭할 텐데.

불가능은 없다

'아브라카다브라'는 히브리어로 '말한 대로 이루어지리라'라는 뜻이다. 어려서는 이 말이 참 좋았다. 만화영화에 나오는 요술 천사가 마술봉을 가지고 흔드는 장면을 보면 신이 났다. '나도 크면 저거 하나 사야겠다'라고 생각했었다. 내가 원하는 것을 이루어주는 마법이 있다면 얼마나 좋을까?

진실을 알아버리는 어른은 별로 기쁘지 않았다. 어른이 되고 나니 노력을 통하지 않고는 공짜로 이루어지는 것이 없다는 것을 알게 되었다. 나에게 어른이 된다는 것은 '레알 세상'을 학습하게 된다는 의미였다. 주는 것이 있으면 받는 것이 있고, 살면 살수록 '기브 앤 테이크'의 의미를 씁쓸하게 수용하게 된다. 어째서 사람 세상은 '왕복 티켓'을 가져야 더 만족해하는지?

'소원하는 것을 생각하면서 열심히 산다'는 것은 정말로 이루어질 확률이 많지 않을까? 진정으로 간절히 바란다면 그것을 위해서 부단히 노력하므로 '가능'에 가까워진다. 중심 생각을 마음에 담고 열심히 목표를 향해 나아가는 것이다. 이루지 못한 소원이 있다 해도 '공상'이라고 단정 짓기보다는 '가능성이 있는 꿈'이라고 표현하면 유력해진다. 꿈을 실현시키기 위해 노력하면 '공상'이 현실이 될 수 있는 세상이 되었다. '불가능은 없다'의 꿈의 실현이 현재화되었다. 옛날 옛적 '달나라 꿈'이란 것이 이루지 못할 것도 없는 세상이 되었다. 기계와 대화를 하고 운전사 없이 자동차 주행이 가능해지는 세상이 왔다. 신의 영역이던 것들을 인간이 손을 대게 된 것이다. 놀라운 일들이 가득한 기적 같은 세상이다.

럭키 키워드를 찾아라

'자아실현'이란 어려운 일이 아니다. 가능성은 생각에서 시작된다. '꼭 이루어진다'는 믿음을 가지고 '아브라카다브라'를 외쳐보라.

뉴 라이프에서 이루고 싶은 것들을 생각해보자. 헛된 꿈이라 해도 개의치 말고 마음에 품어보자. 남들은 할 수 없을 것이라 해도 '나는 할 수 있다'고 믿으면 자부심이 생기고 행복하다.

"아브라카다브라!"

이 말을 붙이는 순간 긍정의 힘이 더 생긴다. 꿈이란 원하는 것을 꼭 이룰 수 없다 하여도 가슴속에 품는 자체로도 뿌듯하다. 좋아하는 물건을 사용하지 않고도 보고만 있어도 좋은 것처럼. '자아실현'의 꿈은 생각만으로도 설렐 것이다. 그것을 위하여 오랜 시간 동안 맘으로 숙성시켜왔으므로. 마음 깊숙한 곳으로부터 공들인 시간이 많으므로 정말로 이룰 확률이 높다. 단지 노력이 필요하다. 의지를 가지고 포기하지 않고 지속성을 가지고 실행하는 것이 중요하다.

Must be 목록들

- 아주 멋진 인연이 내 앞에 나타나기를
- 풍요롭게 살기를
- 항상 행복하기를
- 건강 유지하며 활력 있게 살기를
- 마음이 평화롭기를

좀 더 세밀하게 적을 수도 있다

- 이번 구입한 로또 복권이 당첨되기를

- 올해는 배낭여행 꼭 갈 수 있기를
- 이번에 만든 예술품이 '대박' 나기를

여러분 각자의 '럭키 키워드'는 무엇인가? 꿈을 실제로 이루는 것에 힘을 주는 것들이 있다. 어떤 이는 '사랑하는 어머니!'가 될 수도 있고, '내 인생의 찬란함을 위하여!'가 될 수도 있다. 희망으로 가득한 뉴 라이프의 시작은 생각만으로 '캐슬'을 짓는다. 지금부터 하나하나 모두에게 현실이 되길.

"아브라카다브라!"

비졸리의 말!

마법 같은 일은 진심을 다해 믿고 노력하는 자에게 일어난다. 인생의 기적이란 바로 이 순간에도 일어나고 있다.

PART 4

슬기로운 결혼 생활

• 1장 •

탄탄한 결혼 생활을 위한 안전판

동상이몽, 그래도 좋아!

'동상이몽'이란 말은 중국 남송의 학자 '진량'이 한 말에서 유래되었다. 이 말의 뜻은 '같은 침상에서 서로 다른 꿈을 꾼다'는 것이다. 풀이하면 '같은 것을 보면서도 서로 다른 생각을 품고 있다' 또는 '겉으로는 행동을 같이하는 사람들도 속으로는 각기 딴생각을 하고 있다'라는 말이 되기도 한다. '동상이몽'의 부부. 서로 함께 먹고 자고 함께 살아가지만 서로의 생각과 이상을 향한 꿈은 다르다.

서로 다른 사람임을 인정하자

'부부'란 동상이몽의 두 사람이 결속되는 관계이다. 그래도 사랑하므로 '함께'인 것이 좋기만 하다. 같은 꿈을 꾸지 못하면 어떠랴. 그것까지 동일하다면 '개체'가 아니다. '자유의지로 사고하고 이상을 실현하려고 하기'에 인간인 것이다. 결혼한 두 사람은 '동상이몽'을 가지고 함께 발맞추려 하는 노력이 있어서 더욱 빛이 난다. '이인삼각'의 경주를 하는 격이다. 사랑하는 마음은 마그네틱의 'N극'과 'S극'이다. 서로가 끌어당겨져서 둘이면서도 하나처럼 움직일 수 있는 경이로움이 있다.

결혼 생활을 매끄럽게 유지하려면 우선 '서로가 다른 사람임'을 인정해야 한다. 이것을 알고 '나의 아내', '나의 남편'을 바라본다면 이해가 수월하다. 서로가 서로를 인정하고 알아주면 생각이 달라도 꿈은 함께 꿀 수 있게 된다. '행복하게 함께 사는 꿈'이 그것이다.

남녀의 '동상이몽'

낚시하는 프로그램을 보면서

여자 : 첨보는 물고기네. 참 예쁘게 생겼네…….

남자 : 저기 가서 낚시하면 좋겠다. 고기도 잘 잡히고…… 언제 가보나.

속옷 선전하는 광고를 보면서

여자 : 저거 입으면 날씬하고 볼륨도 있어 보이겠는걸!

남자 : 엄청 섹시하긴 한데 저거 벗으려면 힘 꽤나 들겠네…… 뭐 저런 것씩이나 입어? 속옷이 첩첩 산중인데.

남자와 여자는 한 가지를 동시에 봐도 둘은 다른 쪽으로 생각을 푼다. '동상이몽'을 가진 아내나 남편에게 일방의 생각만 고집하는 것은 다툼의 근본이 된다. 고집에 앞서서 대화하고 서로 의견을 교환하는 방식을 써야 한다.

'동상이몽' 대화법

남녀(아내와 남편)의 차이점을 인정하는 대화법을 살펴보자.

단순 대화법

'나는 이런데, 당신은 어때?'라는 식으로 상대를 인정하고 이해, 합일점을 찾으려 하는 대화법이다.

아내 : 나는 이 신발이 참 좋은데. 당신이 이걸 신으면 좋겠어. 당신은 어떻게 생각해요? 좋아하는 색은 어떤 건지 알려줘봐요.

남편 : 나는 내 신발이 어두운 색이면 좋겠는데, 이것은 굽도 좀 높겠는걸. 하지만 당신이 멋져 보인다니까, 그래도 한번 신어볼게요.

업그레이드 대화법

단순 대화법에서 한 발 더 나아간 대화법이다. "나는 이런데, 당신은 어때? 사실 내 진심은 이거야!"라는 식으로 상대를 인정하고 이해한 뒤 진실을 말하고 합일점을 찾으려 한다.

아내 : 이 신발 진짜 맘에 든다. 디자인이 최고네. 어때요?

남편 : 예쁘긴 한데 굽이 너무 높아서 걷기 불편할 텐데…… 당신이 좋다면 좋은 거지 뭐. (그러곤 속으로는 이렇게 생각한다. '저거 신고 걷다가 발 삐끗 하겠는걸! 아이쿠…….' 결국 진실을 말한다.) 여보, 사실은 걱정돼. 이거 신고 빨리 뛰다가 다치면 어떡해? 그리고 운전할 수도 없겠는걸! 굽을 조금 낮은 걸로 골라 보면 어떨까?

아내 : 그러긴 하죠? 예쁜 것보다도 실용적이어야 하겠죠. 그럼, 다른 제품을 골라볼게요.

진실을 드러내는 '민낯'으로 자주 대화하라. '진실을 담은 말'에 익숙해지는 방법을 만들면 좋다. 진실을 말하되 성의를 넣어서 말하는 법을 익히면 좋다. '그것도 좋겠지만, 이건 어때요?'라든가, '당신 말도 맞지만, 내 생각은 이렇네요……'라는 식으로 풀어내는 패턴이다. 서로의 합일점을 끌어내기 위하여 끊임없이 노력하라. 이러한 부부야말로 '동상이몽'을 '같은 꿈'으로 승화시킬 수 있다.

비졸리의 말!

부부는 각자 다른 사람이며 서로 생각하는 바도 다르다는 것을 인정하라.

나의 배우자를 절친으로 만들기

"친구는 좀 만들었니? 네 베프는 누구니?"

오랜만에 만난 옛 동료 J에게 물었다. 그녀는 한국인 첫 남편과 5년 만에 이혼하고 미국으로 이민을 갔었다. 그리고 몇 년 후 이국에서 미국인과 재혼했다. 그녀는 20여 년을 외국에서 생활하다가 얼마 전에 컴백하여 남편과 한국 생활에 적응 중이다. 이곳이 그리웠다면서 오랜만에 발붙인 한국 땅이었다, '그녀에게는 마치 이곳이 이국땅처럼 낯설게 느껴질 텐데……' 나는 염려스럽게 물어보았다.

"응. 난 걱정 없어. 믿을 만한 절친이 항상 가까이 있거든!"

그녀의 대답이었다.

나는 반갑게 또다시 물었다.

"누구? 내가 아는 사람이니?"

"바로 내 남편!"

그녀의 대답은 '근사한 유머' 같았다. 나는 그 유머에 미소가 절로 지어졌고, 순간 신선함까지 느낄 수 있었다.

'남편이 절친이라니…… 참 멋지다.'

배우자는 친구이다

'친구'라는 단어는 듣기만 해도 항상 편한 마음이 든다. 한밤중에 전화해도 짜증 없이 받아주는 사람, 헝클어진 모습으로 언제든 부담 내려놓고 '번개'를 칠 수 있는 사람, 조건 없이 만날 수 있는 사람, 특별하지도 않은 일상생활을 한 시간 이상 떠들어도 싫은 내색 없이 맞장구쳐주는 사람. 그런 존재가 내겐 '친구'이다. 또한 '칭구', '단짝', '동무', '프렌드' 어떤 식으로든 변형해서 불러도 정감 넘치고 훈훈하다. 게다가 베프(절친=베스트 프렌드)란 내 비밀을 낱낱이 털어놓아도 마음 놓이는 최상의 '레벨 업'된 친구이다. 이렇게 털털하게 대해도 뒤탈 없이 비밀까지 오픈할 수 있는 상대가 남편이라면 이 얼마나 '그뤠잇'한 관계인가!

가만히 생각해보면 그 누구보다도 나를 잘 아는 사람, 나를 잘 이해해줘야 마땅할 사람은 다름 아닌 내 남편, 내 아내이다. 크고 작은 '일거수일투족'을 쉴 새 없이 대화와 의논을 거치는 나의 배우자가 가장 친한 친구 같은 존재이다. 하지만 '절친'이 되기에 가장 유력한 후보임에도 '나의 배우자'는 후보 명단에서 번번이 탈락되고 있다.

배우자의 절친 되기 일상 회화 패턴

결혼 전 연인이었던 남편과는 교제를 시작하면서 서로의 취미, 좋아하는 것들, 일상 이야기, 가족사, 힘이 드는 일 등을 의논하게 된다. 부담도 없었고 말이 날 걱정 또한 없었다. 서로는 시간이 지나면서 마음의 문을 더 넓게 오픈하고 이해력은 최대치가 된다. 나의 배우자가 될 사람에게 '나의 이야기'는 점점 더 '디테일'해진다. 그럴수록 그 사람은 나의 생활 속으로 더 깊숙이 들어오게 된다. 마치 비밀을 나누면 나눌수록 마음의 거리는 더 가까워지는 것처럼.

이러한 배우자와의 편안한 관계를 결혼 후에도 변함없이 지속할 수 있다면 얼마나 좋을까…… 그러면 정말로 지혜로운 결혼 생활이 될 텐데. '절친'을 만들기 위해서는 얼마간의 상호 노력이 필수이다. 마음을 열기 위한 대화 패턴. '당신 곁에 들어줄 상대가 가까이에 있음'을 알리는 방법이 있다. 지금부터 다음과 같은 네 가지 패턴을 사용해 노력해보자.

좋은 아침, 행복한 하루!

우리 문화는 가족 간의 안부 인사에 익숙하지 않다. 서양 사람들은 아침에 가족 간에도 '굿 모닝', 밤에 자기 전 '굿 나잇'을 생활화한다. 웃으며 인사하는 행동은 가족으로서 서로를 염려한다는 것을 간단하게 보여준다. 부부간에도 아내나 남편의 얼굴을 보고 웃으며 인사하는 습관을 만들어보자. 나의 배우자는 이것으로 더욱 친밀감을 느낄 것이다.

요즘 어떻게 지내?

영어로는 'How are you?'가 이것이다. 매일 물어볼 필요는 없으나 가끔 나의 배우자가 피곤해 보이거나 문젯거리가 있어 보일 때 슬그머니 안부를 물어본다면, 힘든 사항에 대해서 말문을 열기 시작할 수도 있다.

내 도움이 필요하면 언제든 말해줘!

이토록 반가운 말은 없을 것이다. 말만 들어도 힘이 난다. 부부간에는 한편이 된다는 것을 이미 알고 있다. 그러나 내가 이렇게 말하는 것을 배우자가 듣는다면 매우 고맙게 느껴질 말이다. 특히, 도움이라는 단어를 들은 나의 배우자는 도움을 청할 수도 있다. 기꺼이 도와줄 마음의 준비가 '베프'의 자세이다.

그 일은 어떻게 되어가?

어떤 주제의 대화 거리가 시작되었다면 결론도 반드시 체크해야 한다. 문제가 생겼을 때 서로 이야기를 나누고 도움을 주고 나면, 문제가 해결되었는지 점검도 잊지 말아야 한다. '기승전결'의 '결'이 끝나야 문제가 해결된 것이다. 배우자의 관심 어린 케어로 정말로 문제가 말끔히 해결된다면, 당신은 이미 배우자의 '베프'가 되어 있을 것이다.

여러분은 현재 당신의 배우자에게 어떤 존재인가? 서로 비밀스런 이야기도 할 수 있을 정도로 가까운 사이인가? 아내나 남편의 역할 이상으로 친구로서 돈독한 관계로 거듭나고 싶지는 않은지. 터놓고 말할 수 있는 상대, 서로 비밀 없는 사이. 만약 여러분의 결혼 생활이 우정을 기반으로 성립되었다면, 이보다 더 믿음직한 관계는 없다. 최상의 커플이라 하겠다. 하지만 설령 우정 없이 사랑으로만 시작한 결혼 생활일지라도 지금부터라도 '우정의 관계'를 쌓을 수 있다. 얼마간의 끊임없는 노력이 필요할 뿐이다. 그것은 반복적인 인사말을 나누는 패턴으로 시작된다. 부부간의 특화 관계를 구축하기 위해서 진정한 친구 되기 프로젝트. '절친'으로서 비밀 없는 삶을 함께 나누며 미래를 공유할 수 있는 '절친 배우자'가 되어보라!

비졸리의 말!

'최상의 커플'이란 두 사람이 '절친'으로 거듭나는 것이다.

경제적인 자립의 초석 다지기

"우리는 남편이 버는 돈으로 생활비를 쓰기 때문에 사는 게 항상 빡빡해!"라고 말하는 친구들이 많다. 우리 세대는 남편이 벌어오는 수입으로 가정 생계와 가족을 부양해왔다. 그러나 요즘의 신세대는 그런 것을 원하지 않는다. 어쩌면 남편이 벌어다주는 돈으로만 산다는 것이 자존심을 건드리는 일이 될 수도 있다. 마음이 어딘가 모르게 개운치도 않고 풍족하지도 않을 것이다. "일할 만한 사람이 집에서 하루 종일 뭐 할 건데?"라는 자문도 있을 것이다. 일할 수 있는 힘과 능력이 된다면 자신의 일을 꼭 가졌으면 한다.

직장 일을 가진다는 것은 생활에 활기를 가져오고 덤으로 풍요까지 가져오는 것이다. 가끔씩 쉬고 싶을 때 맘대로 쉴 수 없는 단점이 있으나, 일에서 오는 보람과 성취의 기쁨을 생각하면 단점도 예쁘게 포장이 된다. '내가 아니면 그 일을 누가 한단 말인가?'라는 책임감으로 정성을 기울인다면 훌륭한 마인드의 소유자이다. '나'라는 사람의 삶을 보람 있게 만드는 가장 사회적인 방법이 저마다의 능력을 발휘하는 '자신의 직업'을 가지는 것이다. 가정경제에 핵심 멤버로 이바지하고 사회에도 소임을 다해내는 것은 공헌하는 훌륭한 삶이다. 내가 가진 에너지를 나를 위해서도 쓰고, 타인을 위해서도 쓰는 멋진 방법이다. 각자의 경제적인 자립 요소를 다지는 것은 내가 설 자리를 멋지게 꾸미는 무대 장치다. 앞으로 있을 본인의 삶에 두려움 없이 설 수 있는 기반을 닦는 것이다.

내가 좋아하고 잘하는 일을 하면서 돈도 벌자

결혼 후의 가정 생계를 남편만이 책임지던 시대는 이제 가고 있다. 사는 것이 복잡해지고 소비가 더 많아지다 보니 부부 둘이 돈을 벌어야 하는 현실이 되었다. 집도 사고 차도 사고, 아이가 생기면 들어가는 돈은 훨씬 더 많아진다. 혹시라도 남편이 사정상 휴직하게 된다면 남편의 수입에만 의존하던 가족은 상당히 불안해진다. 또 나홀로 가장인 남편의 경우, 직장생활에 어려움이 생겨 그만두고 싶어도 휴직할 여건이 안 된다. '울며 겨자 먹기' 식으로 몸이 힘들어도 이를 견디며 일하게 된다. 조력하는 훌륭한 배우자로 존재하고 싶다면 부부 쌍방이 가정경제를 분담할 수 있어야 한다.

직업전선에 뛰어들어 본인의 능력을 다하며 꿈을 이루는 사람은 아름답다. 자신감 있고 의사 표현도 거침이 없다. 직업적으로 당당함은 자신이 서 있는 자리를 더 빛나게 한다. 오랜 시간을 거쳐 학업을 마친 사람들은 본인의 전공을 최대한 살려서 전문적인 직업을 갖는 것이 '사회적 공헌'이 된다. 갈고 닦은 배움의 긴 세월을 결혼과 함께 덮어버린다면 국가적으로 큰 손실이다. 그동안의 학습 결과가 무의미하고 허무하게 된다. 취미로 배운 것이나 다름없게 된다. 공들인 시간과 돈에 빗대어 보아도 확실히 아깝고 안타까운 일이다. 배운 것을 유용하게 쓸 수 있다는 것은 본인의 가치를 실현하고 세상에 더욱 빛을 밝히는 일이다.

아내나 남편이나 결혼 생활에서 경제적인 자립 요소를 다진다는 것은 지혜로운 결혼 생활의 요건이다. 가정의 경제 기반을 탄탄히 다질 수 있어서 서로에게 든든한 지지대 역할을 해준다. 그렇다고 해서 꼭 남들이 명함만 내밀면 알아주는 직업을 가져야 하는 것은 아니다. 나의 적성에 맞고 능력을 최대한 살리면서 만족하는 일이면 된다. 내가 좋아하고 잘하는 일을 하면서 돈도 벌 수 있다면 '1석 3조'가 된다.

부부가 둘 다 각자의 직업이 있다면 어떤 점이 좋을까

자신감과 자부심 발화 : 사회적 능력으로 자부심 뿜뿜

각자의 직업을 통하여 자아 성취의 모습을 보여줄 수 있다. 맡은 바 일에 전진하고 열정을 기울이는 모습이 본인의 존재 가치를 더욱 빛나게 한다. 사회생활에 활력이 생기고 자신의 능력 계발에 자신감이 덧붙는다.

부부가 공감으로 교류 : 공간적 공감대를 형성하게 된다

둘 다 사회생활을 한다면 서로의 주변을 이해하는 폭이 커진다. 사회의 흐름에 빨리 접근할 수 있으며 열린 사고를 가지고 배우자를 더 이해할 수 있다. 부부간의 대화 주제가 넓어지고 활발해진다.

하루 생활 패턴의 닮은꼴 : 시간적 공감대를 형성하게 된다

출근과 퇴근의 활동 시간대가 비슷하게 움직여진다. 두 사람의 하루 생활 패턴에 오차가 적어져서 좋다. 공통적인 여가 시간이 맞아떨어지기가 쉽다. 부부 둘 다 '일하고 휴식하고'의 패턴이 닮아 있어서 화합하여 어울리기가 편리하다. 한 사람이 집에 남아 무료해질 틈이 없어진다.

신뢰성 있는 조력 지원자 : 믿을 만한 지원자이며 조력자가 된다

한 사람만 직업전선에 있는 부부의 구성원보다 경제적으로 더 탄탄하다. 서로의 지원자가 되어서 동반자로서의 존중 관계가 더 실리적으로 구축된다. 수입이 더 넉넉해지므로 생활의 풍요로움이 있다. 양육해야 할 자녀가 생겨도 부양이 벅차지 않다. 경제적인 조정이 쉽다.

아내와 남편이 둘 다 상대방에게 힘이 되는 삶이 된다면 이상적인 부부 생활이다. 뭉쳐서 플러스가 되는 결혼 생활이 이루어진다. 각자가 자립적이어서 동등한 관계도 유지된다. 결혼 생활에는 숨겨

진 진실이 있다. 하나는 성적인 대면이고, 또 하나는 돈에 대한 대면이다. 서로가 대놓고 말하지 않아도 돈의 필요성은 결혼 생활의 중요성으로 대두된다. 사랑으로 결혼에 골인한 부부도 경제적인 노고에 지치면 말싸움이 일어나고 한숨을 쉬게 된다. 서로의 건강한 부부 생활 그리고 결혼 생활을 위해서도 아내와 남편의 경제적 자립은 중요하다. 이것은 부부가 서로에게 든든한 스폰서가 되는 지혜로운 동행이다.

비졸리의 말!

'경제적 능력'은 생활에 안정을 부여하는 '실질적 능력'임을 확인한다.

달콤함 뒷면에 숨은 어글리 트루스, 제대로 알면 안전하다

"결혼은 왜 해요?"

여행 동호회 티타임에서 만난 친근한 영에이지 K 씨가 나에게 물어본 질문이었다.

나는 그 순간 4초간 말문이 막혔던 것 같다. 혼인의 '찬란한(?) 역사'를 가진 내가, 결혼에 대한 그간의 안 좋은 선입관을 깡그리 지우고 적절히 해줄 말을 서둘러 찾고 있었다. 나는 정말로 근사하게 말하고, 제대로 알려주고 싶었다. '흠…… 결혼하면 행복해져. 결혼하면 외롭지 않아' 뭐 이런 문장들이 제일 먼저 생각났다.

그러나 난 그것들을 고스란히 그녀에게 말해주기보다는 뭔가 달콤한 맛에 딱 들어맞는, 한 방에 '훅' 가는 근사한 말들을 주섬주섬 찾고 있었다. 마치 결혼에 '골인'하게라도 만들겠다는 듯이. 그러곤 일단 함축적으로 하나의 문장을 만들어 그녀에게 대답하기로 했다. "결혼은 아름답고 행복한 거야!"라고. 자신 있게!

'결혼'이란 사실 나에게 많은 행복과 많은 고난을 함께 준 선택이었다. 그러나 내가 결혼에서 얻은 두 아이의 존재감은 내겐 햇빛처럼 매일매일의 따뜻함이었고, 사는 데 필요한 에너지원이었다. 그것만으로도 나는 항상 'Still 행복'이라고 외칠 수 있었다. 그러기에 결혼으로 인한 고난에 휩싸였어도 나는 정신을 바짝 차리고 '지혜롭게 잘할 수 있어'라고 마음속으로 되뇌었으며, 대안을 찾아내려고 애썼다. 그러기에 과정은 어찌 되었거나, 결과적으로는 '결혼'이란 선택이 나에겐 잘한 선택이 되었다. 변함없이 아름답고 행복을 꿈꾸는 달콤한 것이었다. 나는 다시 태어나도 결혼을 선택할 것이다.

그러니 나는 '결혼은 해봐라!'에 한 표! 잘 선택하면, 로또!?

결혼의 달콤함의 뒷면, '어글리 트루스'

'결혼'은 맛으로 치면 먼저 '달콤한 맛'을 떠올린다. 하지만 그런 맛은 홍보하기 위한 대표 멘트이다. 결혼의 달콤함…… 그리고 그 이면에는 어글리한 면들이 많이 숨어 있다. 여러분은 이미 감을 잡았을 것이다. 하지만 미리 긴장할 필요는 없다. 이 세상에는 선과 악이 존재하듯, 좋은 점과 나쁜 점은 어느 곳에서든 찾아낼 수 있는 진리이므로.

세상의 수평을 맞추기 위한 것일까? 이 세상은 어째서 쉽고 좋은 것만 허락되지 않았는지. 신혼 초에는 막강한 '사랑의 묘약'으로 두 사람이 모든 역경을 슈퍼맨처럼 해결할 수 있을 것처럼 생각한다. 외부의 어떠한 공격이 있을지라도. 소총이건 따발총이건 외부인들이 쏘는 모든 태클들을 튕겨 나가게 만들 거라던 사랑의 안전망이 있었다. 그러나 그것의 유효기간이 지나면 효과는 떨어진다. 우리가 흔히 말하는 콩깍지 코팅이 벗겨지는 '그날'이 오는 것이다. 그때부터 옷도 걸치지 않은 리얼리티 삶의 알맹이가 고스란히 보이게 된다. 그리고 이러한 '못난 진실'은 언제든 불쑥불쑥 불청객이 되어 크고 작은 다툼의 동기가 될 수 있다.

어글리 트루스, 달콤함을 해치는 못난 녀석들. 이번 기회에 제대로 들추어보기로 하자. 알아야 대처할 것이고, 그래야 '결혼'의 선택이 보다 안전해지므로!

못난 진실 그리고 그 밖의 숨어 있는 진실들!

다루기 난처한, 불쾌한, 성을 잘 내는, 싫은, 불편한, 호전적인, 험악한, 위험한 진실은 무엇일까?

첫째, 다루기 난처한

결혼하면 서로 상대의 집안과 자동으로 관계를 맺게 된다. 원하든 원치 않든 결혼하면서부터 연결고리가 생긴다. 결혼 후 시가나 처가의 일들에 내가 연루되는 것은 때로는 다루기 난처한 여러 가지 부수적인 일을 낳게 한다.

둘째, 불쾌한

혼자 살 때는 전혀 문제시되지 않고 당연하게 생각되던 생리적이고 단순한 일상의 일들이, 서로에게 불쾌한 일들로 거론될 시점이 생긴다. 이런 시기는 언젠가 온다. 안타깝고 웃기는 일이지만(트림, 방귀, 대소변, 코고는 소리, 잘 때 이리저리 뒤척이는 버릇 등등).

"당신은 대체 왜 이러는 거야?"

둘 중 한 사람이 먼저 시작하는 말이다.

셋째, 성을 잘 내는

성을 낸다는 것은 화를 낸다는 것이다. 처음에는 무엇이든 감싸주고 상대에게 맞추려던 신혼기가 지나면 '자기만 안다, 인격 모독이다'를 들먹여 가며 성을 잘 내는 사람으로 변해간다. 동의?

넷째, 싫은

존중받아야 할 본인의 취향인데도 그런 것들이 참 거슬리고 싫어진다. 담배를 피우고, 술을 마시고, 매운 음식을 같이 먹자고 하고, 전혀 관심 없는 스포츠 채널이나 함께 보자고 하고, 질질 눈물이나 짜는 드라마를 화면이 뚫어질 듯 보고 있질 않나…….

다섯째, 불편한

혼자 살 때는 누구의 의견을 물어볼 필요도 없던 것들을, 시시콜콜 배우자의 동의를 구하거나 협조를 얻어야 하므로 삶이 참으로 불편해진다. 밥은 무엇으로 먹을지 물어봐야 하고, 주말엔 쉬지 못하고 가족을 위해서 시간을 할애해줘야 하고, 각자의 직장 회식에 참여하여 늦게 귀가할 땐 미리미리 보고하고 상황을 알려야 한다. 아예 하루 생활을 모두 배우자에게 저당잡힌 기분이 들 때도 있다.

여섯째, 호전적인

작은 말다툼에서 번진 싸움이 상승 기세를 타고 거칠게 전투적으로 변할 때가 있다. 이러한 시작은 부부 관계에 담장을 올려버리는 시발점이 될 수도 있으니, 아예 만들지 않기를 바란다.

일곱째, 험악한

위의 호전적인 다툼은 험악한 상황으로 가속도가 붙을 수가 있다. 혹시라도 엎치락뒤치락하며 호전적인 싸움이 있었다면, 빨리 사과하고 잘못을 인정하기 바란다. 일이 번지기 전에 마음을 다독거려주고 응어리를 풀 수 있는 시간을 꼭 마련해야 한다.

여덟째, 위험한

'위험한'의 시작은 일곱 가지 못난 면들을 미리 인지하고 있지 못할 때이다. 앞에 언급한 일곱 가지를 미리 기억하고 상대가 했을 때는 이해하는 맘으로 받아들이고, 본인이 할 때는 가급적 상대방을 배려하여 주의하라고 말해야 한다. 일상적으로 생길 수 있는 일이니 상대가 당연히 괜찮겠거니 하고 그냥 지나가면 안 된다. 상대는 내가 아니니까. 그렇게 지나친 일들은 어느 날인가, 둘의 마음이 흐려진 날에 두둥! 하고 나타날 수 있다. 조금이라도 위험한 관계로 진척될 것 같은 불씨는 남기지 말았으면.

'Ugly'란 단어 하나에 이토록 많은 의미가 있다. 또한 우리가 알 수도 있었으나 의식하지 못했던 것들도 있고, 문제가 되리라 생각하지 못했던 것들까지 들추어보고 나니 마음도 한결 가벼워졌을 것이다. 이제 여러분의 마음속에는 그것들을 이해하고 대비할 수 있는 여유가 생겼기 때문이다. 지혜로운 혼인 생활을 선택한 여러분은 앞으로 살아가면서 못난 진실로부터 크고 작은 문제점이 생기더라도 얼마든지 잘 극복할 수 있다. 그것을 제대로 간파하고 대처하며 살 수 있는 지혜로움을 가지게 되었으니까. 그래서 여전히 여러분의 결혼 선택은 정답이 되었다.

비졸리의 말!

'어글리 트루스'는 여러분의 '받아들임'이 작동한 순간 더 이상 '못난 것'이 아니다.

스위트 홈을 위해 서로 지켜야 할 일들

어느 날 결혼을 앞둔 신랑 P 씨가 신부의 어머니에게 조언을 구했다.

"장모님, 저희가 결혼하면, 제가 제 아내를 위해서 어떻게 해주어야 좋은 남편이 될 수 있을까요?"

오랜 결혼 생활의 연륜을 지닌 장모는 새로 탄생하는 커플을 위하여 곰곰이 생각해보고 다음의 네 가지를 우선 지켜줄 것을 조언했다.

첫째, 각자의 개체로서 인격체로서 존중하기

- "와우, 날씨가 진짜 덥다. 더우니까 시원한 냉면이 좋겠지? 여기 냉면 두 그릇요!" → 남편이 독단적으로 배우자의 의사도 물어보지 않고 혼자 결정하고 주문한다.

• “자기야, 이 티셔츠 이쁘네, 저거 말고 이거 입어!” → 본인 취향이 곧 배우자의 취향? 남편이든 부인이든 리더가 되어버린 한 명이 결정을 내리고 ‘배우자는 내 것이나 다름없다!’가 되어버린다.

나중에 그런 행동들이 계속 쌓이면 배우자의 마음속에는 ‘나는 대체 뭔가…… 저 사람의 소유물?’이라는 자존감 확인이 시작될 수 있다. 결혼했다고 해서 내 것인 듯 배우자를 소유하려 하지 말자. 아내나 남편이나 각자의 개체로서 인격체로서 존중이 필요하다.

‘개체’란 생물학에서는 ‘하나의 생물체’란 뜻이다. 생존에서 하나의 최소 단위로서 행동한다는 의미를 가지고 있다. 당신과 배우자는 다른 사람이며 다른 개체이다. 배우자는 ‘내’ 것일까? 그렇지 않다. ‘내’ 물건이 아니다. 당신의 배우자가 당신과 결혼했다고 해서 ‘나의 것’이 되는 건 아니다. 그러니, 함부로 생각하지 말고 서로 존중, 또 존중하자!

둘째, 시간과 공간의 여유 만들어주기

“자기야, 우리 꼭 붙어다니자. 밥도 같이 먹고, TV도 같이 보고, 샤워도 같이 하고…….”

하지만 부부가 한 집에 살아도 각자의 시간과 공간이 필요하다. 각자의 시간과 공간이 여전히 존재하는 것은 오랫동안의 결혼 생활이 건강하게 영위되는 지름길이다. 더군다나 각자의 시간을 가질 수 있는 따로의 공간을 만든다면, 고맙게도 많은 것들이 가능하다. 책도 읽고, 컴퓨터 게임도 하고, 각자가 몰두하는 자신만의 예술 세계에 오롯이 빠질 수도 있다. 그렇다면 결혼했어도 많은 것을 포기함 없이 계속 성취의 길을 걸을 수 있다. 더욱 풍요로운 공간으로 만들 수 있다. '함께의 집'에 각자의 시간과 공간을 가지는 것은 외롭지 않으면서도 자유도 있는 결혼 생활이 된다. 사랑하는 이와 함께 있어서 좋고, 나의 자유도 누리고 '일석이조'가 될 것이다. 이것은 결혼 생활을 행복하게 만들기 위한 또 하나의 지혜가 된다.

셋째, '가지고 있는 그대로' 이해하고 사랑하기

당신은 현재의 배우자가 가지고 있는 그대로를 이해하고 사랑하는지 생각해보자. 혹시 내가 원하는 대로 나의 배우자를 고치려 하고 있지는 않은지……. 우리는 살면서 '있는 그대로' 바라보는 법을 잊어버린 지 오래인 듯하다. 그 대신 '내가 원하는 대로' 바라보는 일이 많기 때문이다. 오랫동안 이렇게 사람을 스캔하는 방식이 습관화가 되어서 잘 안 고쳐진다고 해도, 내가 사랑하는 사람의 평가는 달라야 한다고 생각한다. 우리가 처음 배우자와 교제할 때 '그 사람 자체'에 흥미가 있어서 끌렸듯이, 짜임에 맞추어 사랑하는 '조건적 사랑'보다는 있는 그대로를 보고 사랑했으면 한다. 또한 상대방이 본인 자신이 직접 변화하기를 원치 않으면 그 사람이 원래 가지고 있는 것을 나에게 맞추어 고치려 하지도 말아야 한다. 변화는 본인이 원해서 해야 정당한 것이 되므로.

넷째, 너무 많은 걸 기대하지 않기

상대방에게 너무 많은 것을 기대하지 말자. '기대'는 '요구'의 수동적인 유사 의미로 들린다. 내 배우자는 재벌도 영화배우도 아니고, 맥가이버나 슈퍼맨도 아니다. 혹시 당신은 배우자를 선택할 때 '돈을 많이 벌어다줄 것 같아서, 좋은 집에서 살 수 있을 것 같아서, 지금 예쁘니까, 계속 이대로 예쁠 거야' 하는 생각에서 결혼을 했는가? 돈은 있다가도 없을 수 있고, 좋은 직장도 실업의 위기에 놓일 수 있다. 또한 잘생긴 미남, 미녀는 나이가 들면 모두 쭈글쭈글 얼굴에 주름이 생기고 인물이 달라지니 사람에겐 영원한 미모란 없다.

그래도 사람의 의지를 통해서 가장 잘 지킬 수 있는 것은 마음이다. 있는 그대로를 사랑하는 서로의 마음. '물질적인 기대'는 시간이 지나면 변해 항상 '내 기대'에 미치지 못하게 된다. 그리고 상대방에겐 항상 부담이 된다. 마음으로 해줄 수 있는 가능성은 무한하게 많다. 현재 가진 것에 행복해하고 작은 것에도 만족할 줄 알아야 미래의 추가적인 보너스가 큰 기쁨으로 다가온다. 배우자가 가진 것 이상으로 너무 많은 걸 기대하지 말자.

당신과 배우자는 각각 하나의 개체로서 활동할 수 있는 얼마간의 자유가 필요한 존재이다. 결혼한 후에도 자유의사를 표현하고 서로에게 존중받아야 한다. 계속적인 성취를 위해서 본인이 누릴 수 있는 시간적인 여유와 공간적인 여유를 갖고 싶어 할 것이다. 그것을 결혼을 통한 가정에서 누릴 수 있다면, 당신의 배우자는 그것을 당신이 마련해준 선물로 여길 것이다. 또한 당신이 상대가 가진 '그대로의 것'을 사랑해준다면, 자신에게도 그것이 메아리가 되어 그대로 되돌아온다. 두 사람이 서로를 잘 이해해주려 노력하라. 부담감을 줄 수 있는 오버 익스펙테이션(over expectation), '기대 초과'는 삭감하라. 그것이 지혜롭게 함께 어울리는 방법이 된다. 부부가 함께하는 생활을 합리적으로 생각해보고 최선으로 조정하라. 두 사람에게 가장 적합한 '스위트 홈'으로 만들자. 이러한 과정에 부부의 진화를 가져 오고자 하는 적극성도 마련하길 바란다.

비졸리의 말!

진정한 사랑은 상대가 가진 '그대로의 것'을 사랑하는 것이다.

2장

행복한 부부 관계를 위한 방파제

메리지 라이프 지혜 아이템 7

'메리지 라이프'의 신혼 초기는 모든 것이 감싸지고 용서가 된다. 그러나 시간이 갈수록 사랑으로 '봉인'되었던 커플의 결속력이 조금씩 떨어지기 시작한다. 이것을 보충하는 방법은 무엇일까? 새로움이다. 그것은 둘만의 특별함을 만드는 생활 패턴이다. 이것은 부부의 신뢰를 쌓을 수 있는 계기가 된다. 액센트가 없는 일상의 행동을 변화시킨다. 생활에 신선한 느낌들이 살아난다.

'지혜로운 결혼 생활'이란 각 커플에 맞는 가장 적합한 생활 양식을 구성하는 것이다. 일반인들의 상식선에서 짜인 대로 비슷하게 하는 것보다, 각 부부에게 맞는 좋은 방법으로 모색해보는 굿 아이디어가 필요하다. 두 사람의 시도와 노력은 정성이 스며든다. 부부 쌍방이 구축한 생활 시스템은 별것도 아닌 작은 꼬투리로부터 시작되는 '산발성 트러블'을 줄일 수 있다.

여기에 일곱 가지 지혜로운 행동 패턴을 소개하고자 한다. 꿀이 흐르는 결혼 생활을 위하여 Let's Try! 시도해보자. 테스트 후 적합하다면 부부 생활 양식에 꼭 저장하기 바란다.

결혼 생활의 일상 패턴을 만드는 지혜 아이템 일곱 가지

주저하지 말고, 미루지 말고 오늘부터! 다음 일곱 가지 아이템 득템하기!

첫째, 레알 톡

레알(real)은 '정말'이고, 톡은 '말하다'이니 '정말로 말을 하다'는 의미다.

말을 할 때는 서로 대면하며 눈을 보고 대화하고, 진실로 솔직하게 서로 말할 수 있도록 노력한다. 톡이나 전화보다 실제적으로 둘의 시간을 갖는 것이 가장 중요한 포인트. 공동의 시간, 공유하는 특별한 부부의 시간을 갖자.

둘째, 리슨 킹

듣는 것을 제일로 잘하는 사람처럼 열심히 경청해준다는 의미다.

배우자의 말을 내가 잘 들어준다면 상대방이 '존중받고 있구나!' 라고 느끼고 정말 고마워할 것이다.

셋째, 시크릿 격파

비밀이 생기기 시작하면 자꾸 변명이 늘어나고 속이게 되면서 단순해질 일들도 복잡하게 꼬이기 시작한다. 처음부터 꼬일 매듭은 빨리 풀거나 잘라버리고, 비밀은 바로 바로 격파하듯 없애주자. 거짓말 노노!!

넷째, 팀워크 짱

이인삼각 플레이어들처럼 둘이 한 팀이 되어 일처리를 잘해낸다는 의미다. 상대가 할 일, 내가 할 일을 미루지 말고 무슨 일이든 둘이 단합하여 헤쳐나가야 한다.

다섯째, 헬퍼 미

내가 도움을 주는 조력자가 되어주는 것이다. 배우자의 가장 믿을 만한 사람은 내가 되어서 배우자의 가장 가까운 든든한 헬퍼로서 활약하기를 바란다. 정신적으로나 물질적으로나 제한 없이.

여섯째, 미소 쿨

스마일 페이스는 항상 마음을 따뜻하게 한다. 나를 바라보는 배우자에게 항상 미소를 선물하자. 힘든 일을 마치고 집에 돌아와서 미소 띤 배우자의 얼굴을 보는 것은 스위트 홈을 만드는 산뜻한 표지 그림 같다. 미소와 함께 칭찬도 덧붙이면 '금상첨화'.

일곱째, 플랜 투게더

모든 크고 작은 일들은 항상 의논하기. 부부란 함께 의논하고 계획을 짜는 가운데 함께인 삶을 이루어간다. 공동의 목적과 보람이 생긴다. 작은 일이라 하더라도 혼자 독단적으로 결정내리기에 앞서 서로 협의하고 공유하도록 하자.

최선을 다하려는 마음을 가지고 노력하여 실천해보기 바란다. 결코 어려운 방법들이 아니다. 맘만 먹으면 가능하다. 합심하여 더 좋은 상승 효과를 이루어내도록 하자. 하나라도 더 좋은 방법을 알아내어 '내 것'으로 만드는 것이 지혜롭게 사는 데에 플러스가 된다. 이 일곱 가지 지혜 아이템이 결혼 생활에 확실하게 자리매김할 때까지는 시도와 조정을 계속하면 좋다. 이것들이 모여 혼인 생활을 잘 다지는 굳건한 초석이 될 것이다. 알고 실천하는 결혼 생활의 유익한 조언 '메리지 라이프 지혜 아이템 7'을 꼭 사용해보자.

비졸리의 말!

결혼 생활의 '지혜 아이템 7'의 '득템'은 곧 '스위트 홈'을 만드는 달콤한 양념

사랑의 표현 방식, 나는 너의 편이야

같은 아파트에 사는 M 씨는 결혼한 지 3개월이 되어간다. 그녀는 어려서부터 말수가 없고 내성적이라는 소리를 많이 듣고 자랐다고 한다. 수줍음도 많이 타는 성격이라 자기를 표현하는 일에 타인들보다 많은 어려움이 있다. 정반대로 남편은 자상하고 활동적인 성격이라서 다정한 말을 잘하고 표현력이 좋다고 한다.

어느 날 그녀는 나에게 조언을 구했다.

"저도 남편에게 '애교'라는 것을 한번 부려봤으면 좋겠어요. 말을 잘 못해서 그러는데, 무슨 좋은 방법이 없을까요?"

그녀는 말재주가 없으니 언어를 통한 방법 대신 다른 방법이 필요했다. 나는 말 대신 쓸 수 있는 사랑의 표현 방법으로 아래의 두 가지를 권장했다. '그것은 바로 미러링'과 '굿 스트로크'이다. 이 두 가지는 말로 해야 하는 부담 없이, 일상생활에서 행동을 통해 쉽게 표현할 수 있다. 그리고 이것들은 시간이 지나면서 상대방의 무의식중에 좋은 향기처럼 깊숙이 스며들어 상대에게 신뢰로 자리 잡을 수 있는 표현들이다.

미러링, 나는 너를 좋아해!

어느 날, 우리 집 근처에 있는 조용한 찻집에서 한 커플이 얘기를 나누고 있었다. 대화를 마치고 나서 남자는 결심이 선 듯 여자의 손을 살포시 잡았다. 이어서 똑같은 행동으로 여자도 남자의 손 위에 자신의 손을 포개었다. 둘은 그로써 하나의 마음과 각자의 편이 됨을 보여주었다. 그들은 서로가 신뢰하는 마음의 군대를 얻었다.

'온전히 나의 편, 천군, 만군보다 더 힘이 되는 나의 배우자!'

이것이 곧 부부간의 사랑 표현 방식인 미러링(mirroring)이다. 이는 사랑의 표현 방식 중 하나인 심리학적 기술이다. '미러'는 영어 단어로 '거울'이라는 뜻이다. 사랑하는 사람과 같이 있는 시간 중에서 그 사람의 행동을 그대로 거울에 비치듯이 따라 하는 방법이다.

예를 들어, 둘의 대화 도중 사랑하는 사람이 내 손을 잡아주면 나도 다른 손으로 똑같은 동작을 따라 하는 것이다. 상대방이 물을 한 모금 마시면 나도 물을 한 모금 똑같이 마셔보는 것이다. 그렇다고 장애가 있는 틱 장애를 따라서 한다거나, 코 푸는 것을 따라 하라는 것은 아니다. 그 사람이 의식하지 않게끔 자연스럽게 하되, 따라 해도 좋을 만한 것들을 따라서 하라는 것이다. 나쁜 행동 습관이나 자존심을 건드릴 만한 것은 패스하는 것이 좋다.

'미러링'은 상대의 마음을 얻는 데 도움이 된다. 누군가를 따라 한다는 것은 '나는 당신을 좋아합니다'의 무의식적인 메시지를 심어 준다. 이 메시지를 받는 상대방은 자기도 모르는 사이에 이러한 행동을 받아들임으로써 신뢰 관계가 형성된다. 내가 배우자를 따라 하는 것도 바로 나의 사랑을 전달하는 행동 방식이 되는 것이다. 조그만 표현들이 모이면 어느 사이엔가 나의 배우자는 나를, 확실한 자신의 편이라 생각하게 되고 둘 사이에는 단단한 신뢰가 구축된다.

굿 스트로크, 긍정적 어루만짐

11월이 되면 우리나라에서는 고3들의 큰 행사가 치러진다. 그건 바로 '수능시험'이다. 그 하루를 위해 수험생들은 수개월 동안 끊임없이 시험에 대비하고, 드디어 하루간의 대대적인 수능시험을 겪는다. 긴장감을 늦출 사이 없이 몇 년간을 열심히 학업에 전력했던 학생들은 시험을 치고 나서 원했던 학교에 합격할 수도, 불합격할 수도 있다. 그러한 희비가 엇갈리는 순간을 그들은 누구와 나눌 것인가……. 그것은 가장 먼저 가족과 함께이다. 이때 부모님의 '수고했노라'는 표현은 말 대신 자녀를 꼭 안아주는 '빅 허그'로 대신할 수 있다. '안아주기'는 말을 대신한다.

'정말 수고했다, 내 아들아! 내 딸아!'

'스트로크(stroke)'란 어루만짐, 한자로는 '애무(愛撫)'이다. 긍정적인 어루만짐 을 뜻하는 '굿 스트로크'는 좋은 효과를 내는 신체를 통한 모든 종류의 접촉, 즉 말과 몸짓을 모두 포함한다. 스트로크에는 긍정적, 부정적, 조건적, 무조건적 스트로크가 있다. 그중에서 좋은 영향을 끼치는 접촉을 굿(긍정적) 스트로크(good stroke)라 한다.

머리를 쓰다듬어주거나 안아주거나 '잘했다'라고 칭찬을 하며 등을 토닥여주는 행동은 접촉을 받는 사람에게 정신적으로 안정감과 큰 행복감을 준다. 이것은 친근한 사이에서 표현되는 경우가 많다. 그러므로 스트로크를 하는 사람이나 받는 사람 모두 좋은 작용을 한다. 아내와 남편, 친구, 가족 등 친근한 사이에서 굿 스트로크는 자주 할수록 힘이 된다. 이것은 서로의 신뢰를 쌓는 데 도움이 된다. 인정받는 느낌, 보호받는 느낌, 사랑받는 느낌 등 이러한 좋은 느낌들을 유발하는 스트로크는 상대방에게 좋은 영향을 끼친다. 말을 길게 하지 않고도 신체의 일부분을 이용한 굿 스트로크를 이용한다면 길고 장황한 말보다는 훨씬 더 효과가 있다.

지혜로운 결혼 생활을 영위하는 플러스 팁

우리나라는 예로부터 '동방예의지국'이라 하여 말과 행동을 할 때는 예의를 갖추어 하도록 교육받으며 자랐으나, 몸으로 호감을 표현하는 방법은 배우지 못했다. '남녀칠세부동석'이라 하여 어려서부터 남녀 간의 몸에 거리를 두는 법은 배웠으나, '좋아함'의 표현 방법은 동양 문화에 거의 없다. 부모 세대부터 교육이 이루어지지 않은 것이다. 그러나 서양 영화나 젊은 세대를 보면 모두들 호감을 표현하는 데 익숙하다.

당신은 어떠한가? 그런 모습들을 보면 부럽기도 하고, 일순간 뿌듯함이 퍼진다. 만약에 이러한 표현들이 보기에도 좋고 본인에게도 적용하기를 원한다면 결혼 생활을 막 시작하는 시점이 이런 표현을 시도해볼 적기다. 혼인 생활을 시작하면서부터 안 해보았던 행동 패턴으로 변화를 준다면, 받아들이는 쪽이나 표현하는 쪽이나 거부감 없이 자연스레 소통이 될 것이다.

부부간에 어떤 친밀한 몸의 대화법을 실행하고 있지 않다면 새로운 것을 시도해보기를 권한다. 아침에 일어나서 뽀뽀 한 번, 잠잘 때 뽀뽀 한 번, 직장에 출근할 때 뽀뽀 한 번, 축하할 일이 생겼을 때 빅 허그 한 번, 위로할 일이 생겼을 때도 빅 허그 한 번. 그리고 때로는 그 사람과 같은 동작을 따라 하며 같은 편임을 무의식 속에 심어주면 어떨까 한다. 그것이 결혼 생활의 윤활제가 되어 부부간에 신뢰를 쌓을 수 있게 된다. 이것은 지혜로운 결혼 생활을 영위하는 플러스 팁이 된다.

비졸리의 말!

부부의 거울은 배우자의 얼굴이다.

스포일러 퇴치법, 우리 사이엔 아무도 끼어들 수 없어!

탄탄한 부부 관계를 위해서는 라포가 형성되어야 한다. '라포 형성'이란 쉽게 말하면 '신뢰'를 구축하는 것이다. 라포(Rapport)라는 것은 '마음의 유대'란 뜻으로 서로의 마음이 연결된 상태, 즉 서로 마음이 통하는 상태를 뜻한다. 이것이 형성되면 호감이 생긴다. 그리고 신뢰심이 생긴다. 라포가 형성되는 사람들은 서로가 비밀 없는 마음속 사연을 교류하게 된다. 결혼한 부부는 라포가 형성되어야 서로 의지하며 교류하게 된다. 부부간에 서로를 믿고 무슨 얘기건 터놓고 하게 되므로 신뢰가 강해진다.

라포가 형성되기까지

여기에 가끔씩 고춧가루를 뿌리는 사람이 있으니, 일명 '스포일러(=스포)'라 부를 수 있겠다. 스포일러란 영화나 연극 등을 아직 보지 않은 사람에게 주요 내용 등을 미리 알려 보는 재미를 크게 떨어뜨리는 사람을 말한다. 개봉하기 전의 작품에 대해 그 내용을 유출시키는 글이나 말을 퍼뜨리는 것 역시 '스포일러'에 해당한다. 스포일러는 관객의 설렘과 감상을 망치는 행위다. 그래서 '망치는 사람'이라는 뜻도 갖고 있다. 이러한 스포일러는 작품을 진지하게 접근하려는 사람들에게 짜증을 선사한다.

부부 관계에 '스포일러'로 등장할 수 있는 인물은 여럿이 될 수 있다. 가까운 사람일 수도 있고 친하지 않은 지인일 수도 있다. 스포일러가 부부 사이를 어지럽혀 놓을 수도 있다. '라포 형성'이 되기까지는 이러한 '스포'들을 조심해야 한다.

스포일러란 딱히 정해진 것은 아니다. 결혼 생활을 하는 동안 아내나 남편과 연결되는 사방에 존재한다. 내 주변 지인들, 소문들은 모두 스포일러가 될 수 있다. 결혼으로 파생된 시가 식구들, 처가 식구들, 배우자의 친구들, 회사 동료들, 사회적 지인들 모두가 스포일러로 돌변할 상황은 어디에나 존재한다.

부부님들, '스포' 주의!

라포 구축법

'라포'라는 것은 나와 상대방이 쌍방향으로 연결되어야 한다. 혼자만의 노력으로는 불가하다. 라포를 잘 형성하려면 상대방의 입장에서 생각해보고 노력하는 것이 필요하다. 그리고 단계적으로 차근차근 이루어감이 좋다.

이미지 구축하기

내가 배우자에게 주는 이미지는 무엇인가? 부드러워 보이고 친절해 보이면 좋다. 배우자로서 '가장 믿을 만한 사람이다'를 느끼게 해주면 된다. 부부라도 이런 것은 중요하다. '말 한마디 행동 한 가지'라도 상대를 위해서 배려하는 것이 느껴져야 마음의 빗장이 풀리는 법이다.

편한 대화 구축하기

대화를 할 때 상대방의 신뢰, 공감을 얻을 수 있게 노력해야 한다. 대화를 하면서 얼굴에 미소를 띤다. 주의 깊게 배우자의 말을 경청한다. 이전에 대화했던 것들을 깜박깜박하지 말고 기억에 담고 있음을 알린다. 그리고 대화할 때는 배우자의 눈을 바라보는 것을 잊지 말자.

서로의 공통점 구축하기

공통점이 있어야 교감을 형성한다. 자신에 대해서만 이야기하면 안 된다. 배우자의 이야기도 들어주어야 한다. 대화 주제는 서로가 둘 다 아는 이야기로 이끌어보면 좋다. 취미 이야기나 영화 이야기, 최근 관심사 등에 대해서 대화를 이끈다.

공유 경험 구축하기

서로가 상호작용할 수 있는 경험을 공유할 수 있는 기회를 만들어본다. 함께 영화를 보러 간다거나 스포츠를 함께 즐기는 것도 좋다. 부부가 함께 계획하고 성취할 수 있는 공동 프로젝트를 만드는 것도 좋다(예시 : 올해 3킬로그램 다이어트 하기).

감정 공감과 이해

상대방의 입장에서 바라보기, 상대방의 감정 인식하고 이해하기. 주제 거리가 생기면 "당신 정말 힘들었겠다" 또는 "화가 나고도 남았겠네" 이런 식의 대화로 감정을 나누고 이해한다. 심리학적인 관점에서는 지각의 위치를 바꾸어가며 이해하는 방법이 있다. 그중에 '타인의 관점'에 서보는 것이 부부간에 이용하기 좋은 방법이다. '내가 아내의 입장이라면?', '내가 남편의 입장이라면?'이라고 생각해보는 관점이다.

부부가 잘 어울리는 관계를 형성

서로가 비슷해지려고 맞추어보는 노력이다. 말하는 메시지나 목소리 톤, 태도를 떠올려보고 상대방과 비슷한 레벨로 재구성해보는 것이다. 상대방이 천천히 말하면 나도 그것에 맞추어 천천히 말한다. 요즘의 신세대 신조어를 사용하면 그것으로 함께 유머를 만들 수도 있다. 나의 배우자가 대화할 때 차를 마시는 습관이 있으면 함께 차를 마시며 대화하고, 영화를 보며 간식을 먹으면 한 개라도 함께 먹어보도록 한다. 서로 공유하며, 서로가 비슷하다는 느낌을 주면 된다. '나는 당신과는 차별화된 사람이야'라는 생각보다 '당신과 비슷하게 살고 싶다'라는 느낌은 '라포'를 형성하기 쉽게 한다.

'라포 형성'이 잘된 부부는 중간에 어떤 '스포일러'가 다가와도 끄떡하지 않는다. 서로를 깊게 신뢰하므로 마음이 놓인다. 그래서 탄탄한 결혼 생활이 '기초공사화'되는 것이다. 부부간의 '라포 형성'은 결혼 생활을 지키는 중요한 방파제이다. 서로의 노력과 생활 속 실천이 그것을 만든다.

비졸리의 말!

튼튼한 '라포 형성'은 결혼 생활의 행복을 지키는 '쉴드'이다.

긍정적인 사고로 인식하기

어떠한 사물이나 상황을 직시하는 방식을 '프레임'이라 한다. 프레임(frame)은 '액자' 또는 '틀'이라 한다. 원래의 상태를 다시 '틀' 안에 갈아 끼우는 것을 '리프레이밍'한다고 말한다. 예를 들어 유리컵에 물이 반 잔 정도 있을 때 당신은 어떻게 말하겠는가?

첫 번째의 경우는 '물은 반밖에 안 남아 있다'라고 말할 수 있다. 두 번째로는 '물이 반씩이나 남아 있다'라고도 말할 수 있다. 두 사람은 똑같은 한 가지를 보고 해석을 달리했다. 긍정적 사고와 부정적 사고의 차이다.

실패를 리프레이밍하라

우리가 처한 상황도 마찬가지다. 생각하고 말하기 나름이다. 우리가 결혼해서 살아가는 동안 풍족하다거나 부족하다고 생각하는 것들은 사고의 방식에 달렸다.

신혼살림을 월세에서 시작했어도 '우리가 살 수 있는 아담한 집이 그나마 있으니 행복하다'라고 생각하면 정말로 행복해진다. 돈이 없다고 징징거리고 부자만을 동경하는 태도는 타인과의 비교에서 나오는 욕심이다. 부정적인 사고로 채워진 삶은 아무리 좋은 것을 누리더라도 만족할 줄 모른다. 물질적인 것으로 가치 척도를 하게 되면 행복은 도망쳐서 멀어진다.

결혼 생활에서는 배우자를 이해하는 방식도 '리프레임'을 이용하면 좋다. 배우자의 단점이 긍정적으로 '틀을 재구성화'하여 더 이상 흠이 되지 않는다. 문제 해결 시 '프레임 설정'을 어떻게 하느냐에 따라 결과가 달라진다. 아무리 안 좋은 상황이라도 좋게 생각하면 좋은 모습으로 보인다. 원래의 것이 어떻든 간에 긍정적인 방식으로 재고해보면 '리프레이밍'이 된다. 새로운 틀에 넣어서 생각해보는 것이다.

'리프레이밍'으로 보면 '실패'도 '좋은 기회'로 보인다. '실패는 성공의 어머니'라는 말이 있다. 실패를 '리프레이밍'하여 기회로 돌려놓은 것이다.

나의 사랑하는 배우자 '리프레이밍'하기

불만이 삐져나오려 할 때마다 '리프레이밍'의 걸러내기를 실천해 보자.

돈을 많이 못 번다

- 월급이 적다. → '월급이 많아도 펑펑 낭비할까 걱정인데 없으니 아껴 쓰면 되잖아. 절약하면 OK!'
- 직장을 옮겨 다녀서 꾸준한 수입이 없다. → '소신껏 일하니 좋지, 맘도 맞지 않는 직장에 계속 다니면 스트레스 쌓여서 집에서도 짜증일 텐데 차라리 낫지. OK!'

자신없는 외모

- 얼굴에 자신이 없다. → '그나마 평범하니 다행이야. 이성이 줄줄이 따라붙지 않을 테니. OK!'
- 몸집이 뚱뚱하다. → '말랐으면 어쩔 뻔했어. 통통하니 몇 끼 굶어도 굶은 티가 안 나잖아. Good!'

너무 순진하다

- 처세에 능숙하지 못해서 사회생활을 약게 못한다. → '착하니 다행이지, 주변에 적이 없잖아. 약아빠져서 사람들 사기 치는 것보다 낫지. Good!'

사람들과 어울리지 못한다

• 주변 사람들과 만나고 어울리는 것을 못한다. → '친구들이 주변에 많지 않으니 가정에 더 충실하고, 나(배우자)랑 시간을 더 보낼 수 있으니 좋다. Good!'

술을 많이 마신다

• 술에 취해 들어오는 날이 많다. → '직장생활 스트레스를 풀 수 있어서 그나마 다행이야. 그래도 술만 하잖아. 담배도 같이 했으면 어쩔 뻔했어! 다행이지. OK!'

담배를 피운다

• 담배를 피워서 싫다. → '술 마시고 정신없는 것보다 낫지. OK!'

건강과 관련되는 내용은 개선이 필요하다. 그러나 강요보다는 대화로 조절하는 것이 좋다.

이 밖에도 결혼 생활이 길어질수록 단점은 늘어나게 된다. 결혼 생활은 장기전이다. 서로가 고운 시선으로 바라보고 예쁜 마음으로 바라보면 나의 배우자는 여전히 최고가 된다.

모든 것은 '생각하기 나름'이라는 말이 있지 않은가. 좋고 나쁜 것은 있는 그대로이기보다 바라보는 사람의 입장에서 판단된다. 나쁘게 생각하면 한없이 오점투성이다. 좋게 생각하면 스트레스도 없고 충돌이 없다. 이왕 잘 살기로 화합한 결혼이니 긍정적으로 '리프레이밍'하라. 단점을 말할 때는 꼭 '리프레임'의 틀에 걸러서 커밍아웃하게 하라. 내가 배우자를 감싸주면 나의 배우자도 나를 '허그'하게 된다.

비졸리의 말!

'리프레이밍'은 'Not OK!'를 'OK!'로 바꾸는 '매직 액자'이다.

배우자의 말을 경청하자

사람은 대화로써 의사를 주고받는다. 의사 교류를 함으로써 그 사람의 마음을 읽고 대처하게 된다. 말이란 자신의 속마음을 표현하는 것이다. 잘 사용하는 말은 '좋은 상황'을 만들고 잘못 사용하는 말은 '나쁜 상황'을 만든다. 결국 말이란, 사용한 사람에게 책임이 있다. 잘 쓰면 '약'이 되고 잘못 쓰면 '독'이 되기도 하는 것이다.

부부간의 대화가 단절되면 일단 적신호가 켜진 것이나 다름없다. 싸우더라도 대화를 자주 한다면 어그러진 일도 조정할 수 있는 여지가 있다. 무언가 엉켜 있는 듯한 문젯거리가 있을 때 아내와 남편 중에 누가 먼저라도 '부부간의 대화'를 신청하면 어떨까? 그래서 대화를 속 시원히 하고 나면 오해도 풀게 되고 더욱 견고해짐을 느낄 수 있게 된다. '대화'라는 것은 서로가 알아들을 수 있게 이해할 수 있게 해야 한다. 대화를 하며 서로가 공감대를 형성하게 되면 '상대방과 함께 있다'는 느낌을 전달받게 된다.

부부간의 효과 있는 의사소통을 위하여 알고 실천할 수 있는 대화 기법을 몇 가지 소개하려 한다. 실생활에 적용한다면 부부 사이는 더욱 괜찮은 관계가 될 것이다. 당신이 성장할 수 있는 열쇠이고, 나의 가장 가까운 옆에서 나의 편이 되어줄 배우자의 말을 잘 경청하기 바란다.

굿 워드(단어), 굿 센텐스(문장) 배열하기

아내와 남편은 같이 사는 세월이 길어질수록 문장은 반비례인 것 같다. 신혼 초기에는 집안일, 개인 일, 구구절절 서로 빈번하게 꽁냥꽁냥 얘기를 나누다가, 결혼 생활이 오래 지속되어가면 오고 가는 문장이 짧아진다. 생략, 생략? 아무리 '눈빛만 봐도 안다'는 부부일지라도, 그 눈빛만으로 유추하다가는 언젠가 실수로 오해를 만들 수도 있다는 것을 염두에 두자. 그러니 알아들을 수 있는 단어와 문장으로 자세하게 대화하는 습관을 익히기 바란다. 대화할 때는 가급적 좋은 단어를 선택하여 좋은 문장으로 만든다면 효과적일 것이다.

기분이 별로 좋지 않아 솔직한 대화를 할 때에도 좋은 단어는 있다. "나는 기분이 나빠!" 대신 "나는 기분이 다운되었네요!"를 사용할 수 있다. 조금 바꾸어보았지만, 훨씬 부드럽게 들릴 것이다. 좋은 말을 사용하며 자주 대화를 하다 보면 부부간에 자연적으로 마음속 얘기를 꺼내며 비밀도 없어지게 된다. 그리고 시간이 흐르면서 친밀감이 더욱 두터워질 것이다.

말은 시속 30킬로미터 정도로 천천히 낮은 음성으로 다정하게

당신이 말을 '청산유수'같이 잘한다고 해서 '다다다' 빠른 속도로 말하고 나면, 상대방은 못 알아들을 수도 있다. 아나운서처럼 말을 잘해도 상대방이 그것을 놓치는 경우도 있다. 상대방이 잘 들을 수 있게 '천천히'의 속도로 그리고 편안한 음성의 '낮은 톤'으로 대화를 이끌어가면 좋을 것이다. 그리하여 나의 배우자가 나를 생각할 때는 편안한 음성과 아름다운 미소도 함께 떠오를 수 있다면 성공!

30분 '화목' 데이팅!

일상적으로 요즘 부부들은 둘 다 자신들의 직업적인 업무와 개인적인 일들을 빠듯하게 하는 커플이 많다. 그래서 결혼한 직장인들은 '부부가 대면하며 대화할 시간이 없다'고 한다. 그러나 그것은 실제로 시간이 없다는 뜻이 아니다. 항상 같이 지내는 두 사람이 '충분히 붙어 있다'라고 생각하여 대화의 필요성을 못 느끼는 것이 아닌가 짐작한다. 요즘은 스마트폰을 이용한 톡이나 영상통화를 이용하기도 하는데, 이것은 직접 대화하는 것과는 많은 차이가 있다. 하루 24시간, 그중 부부를 위한 30미닛(30분간)의 대화 시간은 얼마든지 낼 수 있다. 서로 함께하고자 하는 시간을 만드는 노력이 필요할 뿐이다. 식사를 하거나 티타임을 갖거나, 집안일을 같이하면서도 대화는 가능하다. 매일의 대화가 어렵다면 일주일에 2~3회 둘만의 데이트 시간을 가지면서 좋은 카페나 맛집 같은 적절한 장소를 물색해보는 것도 좋다. 둘의 돈독한 관계를 위하여 오늘부터 둘만의 화요일과 목요일에 하는 화목한 '화목 데이팅'은 어떨까?

Two-way 대화법

한 사람만 일방적으로 말하지 않고 서로 돌아가며 말하기를 결혼 생활의 대화법으로 생활화하기를 바란다. "들어봐, 내가 말할 테니까……" 쉼표도 찍지 않고 계속 구구절절 자신의 이야기만 늘어놓는 사람이 있다. 그러기보다는, "나는 이러이러하게 생각하는데 당신은 어떻게 생각하나요?" 하고 물으면서 상대방에게 시간을 주어 한 번은 '말하기', 한 번은 '경청'을 돌아가면서 역할을 바꾸어 하면 좋다. 서로가 '듣고 말하고, 듣고 말하고'를 반복하는 패턴으로. 상대방의 이야기를 듣고 본인의 의견도 말하는 것이 'Two-way 대화'의 방법이다.

아이 콘택트(눈을 맞추는) 스포트라이트 대화법

'눈은 마음을 담는 창'이다. 우리는 서로의 눈을 보면 상대방이 진실을 말하는지 무언가 숨기려 하는지, 그 눈 안에 사랑을 담고 있는지조차도 느낄 수 있다. 대화를 하면서 상대의 눈을 피하며 말하려 하는 것은 진실을 회피하려 하는 의도를 내포하고 있다. 부부간의 대화를 할 때는 이러한 이유로 서로 '아이 콘택트'가 중요하다. 솔직한 진실을 담은 말과 사랑의 마음을 담은 눈빛을 스포트라이트로

꼭 'On 모드'한 상태로 대화하기 바란다.

'커플 간 존어' 쓰기

우리는 일반적으로 친밀도를 말과 행동으로 보여준다. 가까운 사이 끼리는 서로 '평어'를 써 존대를 하지 않는다. 또한 '친소어'라 해서 친구처럼 편한 말투를 사용하기도 한다. 이런 '친소어'나 '평어'는 서로 사이가 좋을 때는 문제가 생기지 않는다. 그러나 서로 기분이 나빠져 혹시라도 말싸움으로 번질 때는 나쁜 쪽으로 쏜살같이 흘러 욕설로 연결되는 코스가 지름길이 된다. 그래서 서로 '쉽게 삐딱선 타지 않기', '인격적 존중'의 의미에서 부부 사이의 대화는 '상호 존대어-커플 존어'를 쓰기를 매우 권장한다.

"자기야, 밥 먹어!", "자기야, 식사하세요!" 이 둘 중에 어느 것을 들으면 내가 존중받는다는 느낌이 드는가?

'당신' 대신 '나'를 이용한 대화법

"당신 왜 이렇게 말이 많아?", "당신 너무 예의 없어!"처럼 '당신' 중심의 대화 전개 방식은 비판적이고 공격적인 느낌을 준다. 이것은 반항 심리를 일으켜서 별것도 아닌 문장이지만 듣는 이에게 '급짜증'을 만들 수 있다.

위 문장을 '나' 중심 대화법으로 고쳐보면 "나는 상대방이 말이 많은 것을 좋아하진 않아요", "나는 예의 있는 사람이 좋아요"로 바뀐다.

이처럼 나 중심 대화법은 본인의 감정만을 설명하므로 상대의 감정은 건드리지 않고 의사를 표현할 수 있다. 상대방을 배려하는 느낌을 주므로 되돌아오는 답변도 '나이스 리턴'이 온다.

타인과 관계되는 네 가지 '삶의 태도'

미국의 정신과 의사 에릭 번(Eric Berne)은 사람들에게 흔히 보이는 네 가지 삶의 태도('OK'인가 'Not OK'인가 여부)로 인간 행동에 관한 이론을 정립했다. '교류 분석' 이론이 그것으로 국제교류분석학회(ITAA)의 정의에 따르면 이 이론은 개인의 성장과 변화를 위한 체계적인 심리 치료법이다. 에릭 번이 나눈 네 가지 태도는 이렇다.

1. 나도 괜찮고 너도 괜찮다.
2. 나는 괜찮은데 너는 안 괜찮다.
3. 나도 안 괜찮고 너도 안 괜찮다.
4. 나는 안 괜찮은데 너는 괜찮다.

위의 네 가지 자세 중 어떤 자세로 상대를 대하는지 이해하고 난 후, 다음과 같이 대화에 응용해보자. 예시로 든 대화는 부부간의 긍정의 대화 패턴이다.

아내 : "여보, 나는 오늘 저녁 외식하고 싶은데, 당신은 어때요?"

(I'm OK. Are you OK?)

남편 : “나도 괜찮아요. 그렇게 합시다!” (Yes, I’m OK)

부부간의 대화는 위의 네 가지 패턴 중에서 둘 다 괜찮은 1번의 방향으로 흘러가야 한다.

비졸리의 말!

부부 대화와 소통이 이루어지지 않는 결혼 생활은 직진할 수 없는 ‘적색 신호등’이다.

화목한 짝꿍 유지법

Q : "당신의 이상형은 어떤 사람인가요?"

A : "나는 우리 아빠같이 자상한 사람이 좋아요."

B : "난 쿨-한 여자가 좋아. 잔소리도 안 하고 화끈한 스타일!"

C : "뭐니 뭐니 해도 술, 담배 안 하는 사람이 최고죠."

각자의 이상형은 어디에서 비롯되었을까? 그것은 어린 시절 자라면서 보아왔던 부모님과의 첫 번째 경험에서이다. 대부분의 사람들은 어린 시절 기억이 있다. 나를 키워준 부모님과의 경험이 있다. 이것으로 만들어진 이미지가 우리가 배우자를 선택할 때 다시 슬며시 삐져나오게 된다. 의식적, 무의식적으로 사람을 선택하는 동기가 된다. 과거의 끈으로 연결된 이미지의 작용이다.

파트너십 이미지 대화 교류

부부, 연인, 인간관계의 치료를 위해서 하빌 헨드릭스 박사(Harville Hendrix, Ph.D)와 헬렌 헌트 박사(Helen L. Hunt, Ph.D) 부부가 이마고 치료법을 개발했다. '이마고'란 라틴어로 '이미지'의 뜻인데, 나쁜 이미지를 좋은 이미지로 대체하여 치료하는 것이다. 이 치료법은 어린 시절 가족으로부터 파생된 상처 입은 '어린 자아'를 치료해 이상적인 결혼 생활을 돕는 부부 대화 치료법으로 이용되고 있다.

이마고 이론에 의하면, 무의식적으로 부모가 채워주지 못했던 '미해결 과제'가 있다고 한다. 이것이 배우자를 통해서 충족되기를 바라는 동기를 가지고 있다. 그래서 결혼을 한다.

공무원인 J 씨는 어려서 유흥업소에서 일하던 어머니와 살았다. 그래서 여성들을 보면 어린 시절 자신의 어두웠던 가정환경을 자연스레 떠올린다. 그는 화장을 진하게 하고 일을 나가는 어머니가 싫었다고 한다. 그 후 진하게 화장을 하거나 술을 잘 마시는 여성을 보면 사귀려는 생각을 아예 접었다고 한다. 어머니의 안 좋은 모습과 겹쳐 보였기 때문이다. 이것은 어린 시절의 상처였다. 자아 속에 자리 잡은 '싫어하는 여성상'의 각인이었다.

어려서부터 알코올중독 가정에서 자란 사람도 안 좋은 이미지가 있다. 성인이 되어서도 술에 대한 안 좋은 인식으로 가득하다. 그래서 배우자가 될 사람은 '술을 많이 마시는 사람은 안 된다'고 생각한다. 어린아이는 자라온 경험을 가진 채로 성인이 된다. 이성 배우자를 선택할 때는 어린 시절의 경험에 비추어보게 된다. 비교치가 되는 것이다.

부부는 공감대가 형성되어야 한다. 각자 생활에 몰두하는 것도 중요하지만 배우자도 돌봐야 한다. 서로가 귀 기울여 잘 들어주면 힘이 된다. 마음을 깊이 나누고 이해하려 하면 상처를 회복시키는 치료 효과가 있다. 서로 부부의 역할에 최선을 다하자. 그러면 어린 시절의 나쁜 이미지의 피해에서도 벗어날 수 있다. 아내가 남편의 상처를 치료해줄 수 있는 위치에 서게 된다. 남편도 아내의 상처를 치료해줄 수 있다. 잘못된 부분을 고쳐서 이미지화할 수 있다. 재구성하여 서로의 치료가 가능해진다. 다음 리스트를 이용한 대화 교류 방법은 이마고 치료법을 응용한 화합의 조정법이다.

지혜로운 결혼 생활을 위한 희망 리스트 작성하기

지혜롭게 사는 부부는 대화를 자주 한다. 대화법에서 가장 중요한 것은 상대방의 말을 집중하여 듣는 것이다. 집중하여 잘 듣고 서로 의사소통하는 방법을 배우면 관계가 좋아진다. 부부는 성장과 치유를 함께하는 사람이다. 현재의 배우자와 화합을 이루는 간단한 방법이 있다. 두 사람이 각자 종이 한 장과 펜을 준비해 희망 리스트를 적어보는 것이다.

개인 리스트 작성

각자가 결혼 생활에서 원하는 것을 열 문장씩 종이에 적는다. 문장은 현재 시제로 적는다. 가급적 쉽게 설명하여 적는다. 예를 들면

'나는 일요일에는 서점에 가고 싶다'처럼 상대방이 읽고 나서 이해할 수 있도록 기록해야 한다.

상대방과 리스트 비교 체크하기

서로가 공통인 문장이 발견되면 두 사람의 문장에 밑줄을 긋는다.

나의 목록 중 가장 중요하게 생각하는 한 개의 번호를 골라 별표(★)를 한다. 나의 목록 중 가장 실현되기 어려운 두세 개의 번호를 골라 물음표(?)를 표시한다.

공동의 희망 리스트 작성하기

두 사람의 목록을 펼쳐놓고 공동 리스트를 작성한다. 문장 중에 이해가 안 가는 내용은 그것을 기록했던 기록자의 설명을 듣는다. 그런 다음 아래와 같은 순서로 리스트를 통합한다.

첫 번째로는 두 사람의 공통이었던 밑줄 친 문장들을 맨 윗부분에 적는다. 두 번째로는 두 사람이 가장 중요하게 여기는 별표를 한 번호의 목록들을 그다음 순서로 적는다. 세 번째로는 두 사람의 번호 중에서 1번에 해당하는 것들부터 순차적으로 적어넣는다. 물음표를 한 목록은 맨 아래쪽에 위치하게 적는다.

물음표 한 부분에 대해서 상대에게 의견을 구한다. 상대가 실천 가능한 목록이라면 물음표를 지울 수 있다. 실현 가능성이 있는 문장인가? 그렇다면 맨 밑에 위치하던 것이 위쪽 자리로 이동할 수도 있다. 여전히 실현 불가능한 것이라면 맨 아래에 그냥 놓아둔다. 실현 불가능하거나 어려운 목록은 상대에게 강요해서는 안 된다. 의견 수렴만 하는 것으로 멈추어야 한다.

공동 리스트 작성 후 할 일

리스트를 두 명이 함께 왕래하는 잘 보이는 곳에 붙여두고, 매주 공동의 시간을 정하여 함께 읽고 실행한다. 1번부터 순차적으로 한 명씩 돌아가며 큰 소리로 각자에게 읽어준다.

리스트 위에 표시하기

서로를 위한 배려가 잘 정착되었다고 생각할 때 두 사람의 동의하에 마커 펜으로 표시한다. 좋아하는 색깔로 표시한다.

정기적으로 한 번씩 리스트 재작성하기

일정 기간을 정해놓고 서로 상대를 위해 배려하고 협동하도록 노력한다. 기존에 작성한 리스트는 정기적인 기간을 정하여 한 번씩 점검해본다. 표시가 안 된 번호와 새로 추가할 목록들을 다시 작성한다. 작성 방법은 위의 1번부터 다시 하면 된다.

비졸리의 말!

이미지를 재구성하는 것은 편견을 버리는 화목한 짝꿍 유지법이다.

부부 역할 재구성

"요즘은 제가 일찍 퇴근 후 저녁 준비를 하고, 청소도 합니다!"

공무원 생활을 하고 있는 O 씨가 밝게 웃으며 말했다. 신세대는 역시 '쉰세대(역할이 붙박이 된 세대)'와 다르다. 성과 상관없이 교차적인 역할을 부끄럽게 여기지 않는다. 차라리 본인의 부가적인 능력을 자랑스럽게 생각한다. 나도 여기에 긍정의 한 표를 던진다. 브라보! 못할 게 뭐람.

19세기 미국의 심리학자 윌리엄 제임스(William James)는 "보통사람은 뇌의 10%만을 사용하며 산다"고 말한 바 있다. 뇌의 잠자는 영역이 있다는 말이다. 100 중의 10. 이 말은 재고할수록 참으로 안타깝다. '어이없는 낭비'라는 생각도 든다.

'항상 정해진 일만 해서 그런 것이 아닐까? 창조적인 활동을 하

다 보면 그것을 깰 수 있지 않을까?'

단단해진 기성의 벽을 격파하는 창의성은 잠자는 영역을 흔들어 깨울 것 같다. 남성과 여성의 일도 '관습 타파'로 '역할 교류'를 시도할 때가 왔다. 보다 합리화했으면 한다. 아내의 일, 남편의 일 가리지 말고 힘닿는 사람이 융통성 있게 크로스 작업해야 한다. 이것이 낭비를 없애는 에너지 세이브이다.

서로에게 응원의 손길을 내밀어라

우리나라는 뿌리 깊은 유교사상으로 남자는 바깥일을 도맡아 하고, 여자는 집안일을 책임져야 한다고 생각했다. 이러한 생각이 바로 따분한 붙박이식 사고이다. 정해진 일만 하다 보면 가지고 있는 숨은 능력이 빛을 볼 수 없다. 도울 수 있음에도 손을 놓고 있다. 남녀의 결혼 생활 영역에서 역할 분담이 정해져 있는 것은 비능률적이다. 아내는 여성의 일만, 남편은 남성의 일만 한다면 능력을 낭비하는 꼴이다.

할 수 있는 일은 서로 교차하거나 병행할 수 있어야 한다. 한 명의 스페어가 있으니 든든하고 감사한 일이 될 것이다. 힘의 분배가 적절히 이루어지면 남녀 둘 다 힘을 아낄 수도 있다. 번갈아가며 휴식을 취할 수 있다. 비상시에 한 명이 두 명의 역할도 할 수 있다. 그리고 능력은 시도할수록 계발이 되므로 하다 보면 '맥가이버' 같은 멀티 능력자가 될 수도 있지 않겠는가.

남편은 요리를 잘할 수 있고, 아내는 전기 배선일도 잘할 수 있다. 외국에서는 남녀의 일 구분이 없다. 부부는 남녀를 가리지 않고 일을 돕는다. 아내는 남편이 되고 남편은 아내도 된다. 크로스 액션은 발전하는 '창의 융합형' 부부상이다.

1980년대까지만 해도 남녀의 직업은 나뉘어 있었다. 현 시대에 사는 사람들의 차별은 현저히 줄어들었다. 남녀평등의 궤도에 놓여 있다. 어느 시대에나 개척자들은 존재했다. '이상한 눈초리'를 괘념치 않는 꿋꿋함이 그들을 더 빛나게 했다. 나는 개인적으로 프론티어 정신에 쌍수를 들고 환영하는 바이다. 부부 생활도 관습을 깨는 도전 정신이 필요하다.

현명하고 지혜로운 부부라면 함께 가는 길을 안다. 그리고 실천할 줄 안다. '여자의 일과 남자의 일'을 입에 올리지 않는다. 병행의 길을 즐거워하고 보람 있어 한다. 아내와 남편 둘 다 가정에 복귀하면 무엇이든 함께하면 좋다. 든든한 조력자가 된다. 부부가 할 수 있는 크로스 액션을 실천에 옮겨보자. 그것의 영향력을 알고 행동하면 지혜가 된다. 부부의 역할 교류는 서로에게 내미는 응원의 손이다. 피곤함에 지칠 수도 있는 고단한 삶을 막아주는 고마운 방파제가 된다.

방파제가 되는 부부 역할 크로스 액션!

가사일

외식을 하지 않을 경우에는 요리를 하게 된다. 이럴 때는 퇴근을 먼저 하는 사람이 식사를 챙긴다. 집안 청소는 밤에 하는 것보다 오전이나 낮 시간이 좋다. 소음이 이웃에 방해가 되지 않게 늦게 출근하는 사람이 한다. 세탁은 속옷은 각자 손빨래 세탁하는 것이 좋다. 세탁기를 이용한 세탁은 모아서 정기적으로 한다. 세탁기에서 행거에 널 때는 함께 돕도록 한다. 그럴 때 정다운 대화가 흐른다. 쓰레기 분리수거는 함께 움직이는 것이 좋다. 쓰레기가 모아지면 봉투 여러 개가 되므로 둘이 함께 나르는 것이 효과적이다. 아내든 남편이든 가장 싫어하는 쓰레기는? 음식물 쓰레기. 이것은 요즘 음식물 분쇄기를 설치하면 끝. 분쇄기가 없다고 남편에게 100% 맡기면 남녀평등이 아니다!

자녀 양육

"자녀를 키울 때 어느 시기가 가장 힘들었습니까?"라는 질문에 대부분의 부모들이 유아기라고 답한다. 갓난아기는 시도 때도 없이 자다 깬다. 밤낮을 가리지 않고 한밤중에도 운다. 맞벌이 부부라면 수면이 필수인데도 '자다 깨다'를 반복한다. 결국 둘 다 수면 부족에 시달린다.

부부가 둘 다 오전 출근이라면 한밤중 케어는 교대로 일어나면 좋다. 첫 번째 울면 엄마가, 두 번째 울면 아빠가 달려가야 한다. 한국식 육아는 영유아를 부모가 같은 방에서 돌본다. 이런 경우도 깨어서 움직이는 사람은 한 명씩 돌아가며 하도록 하자.

아이가 커서 유치원에 가거나 초등학교에 가면 학교 행사에 참여해야 한다. 요즘은 아빠의 동참이 많아졌다. 직장생활에 구애가 적은 사람이 참여하면 된다.

좀 더 커서 교육 방향을 정하거나 대화가 필요할 때는 부부가 함께 의논한다.

사춘기 때는 동성의 부모가 힘이 되면 좋다. 경험치가 같으니 자녀에 대한 이해가 빠르기 때문이다. 딸과는 엄마가 대화하고, 아들과는 아빠가 대화하면 좋다. 본인도 그 시기를 겪었으므로 경험에서 우러나는 대화로 잘 풀어갈 수 있다. 청년기부터는 부모 모두가 한자리에서 이야기를 나누면 좋다.

경제 기반

남녀가 함께 맞벌이를 하는 경우에는 경제 기반을 빠르게 다질 수 있다. 다만 돈의 액수만을 빠른 시간에 많이 모으려는 욕심은 버리자. 돈을 모으려고 직장에 매달리는 것보다 가정의 시기 적절한 환경에 맞추어야 한다. 자녀를 위해서는 좋은 환경에서 잘 성장할 수 있도록 부모의 보호와 지원이 필요하다.

경제활동은 자녀의 관리 여건에 맞추어 계획하는 것이 좋다. 가족의 돌봄이 필요하다면 둘 중 한 명이 근무시간을 전환하면 좋다. 수입의 액수는 차치하고 중요성의 순위를 정해야 한다. 가족의 돌봄은 아내나 남편의 구분 없이 조절이 쉬운 사람이 조정한다.

경제 부분의 수지는 부부가 함께 의논하여 정하도록 한다. 남편의 수입이 무조건 아내한테 가는 것은 정해진 법이 아니다. 둘이 허심탄회하게 대화하여 정하는 것이 좋다. 남편에게도 얼마간의 지출의 권리를 인정해주어야 한다. 그래야 남편도 사는 의미도 충족되고 일할 힘이 난다. 본인을 위해서 쓸 수 있는 자유가 '인간 존중의 실제'가 된다.

비졸리의 말!

부부의 '크로스 액션'은 잠자는 90%의 천재성을 깨우는 것이다.

북큐레이션 • 《이혼해도 괜찮아 졸혼해도 괜찮아》와 함께 읽으면 좋을 책.

자신의 인생을 사랑하고 삶을 독립적이고 주체적으로 살아가는 당신이 바로 당신 삶의 주인공입니다.

열정의 힘

최경숙 지음 | 15,000원

인생의 판을 뒤집는 경험을 배우고,
삶의 지혜를 더하는 통찰을 얻어라!

세상에는 두 부류의 사람이 있다. 상처에 굴복하여 웅크리는 사람과 역경을 딛고 용기 내서 세상이 부딪치는 사람. 삶의 주도권을 잡는 이들은 상처를 딛고 일어서 자기 길을 찾는 사람들이다. 저자는 이 같은 삶의 태도를 결정하는 것이 '열정'이며, 이런 태도를 가능하게 하는 에저니가 바로 '열정의 힘'이라고 단언한다. 예술경영자, 음악감독, 음악기획자, 평론가, 칼럼니스트, 매거진 발행인 등 자신의 영역을 끊임없이 확장하고 있는 저자가 '열정 파워'로 삶의 통찰을 얻은 비법을 소개한다.

하루 1% 15분 꾸준함의 힘

노승일 지음 | 14,500원

평범한 나를 특별하게 만들어주는
'꾸준함'의 힘을 경험하라!

항상 하던 다짐들이 작심삼일로 끝나는가? 결국 오늘도 포기하고 '내일부터 시작해야지'라며 하루를 흘려보내는가? 그리고 이 패턴이 매일같이 반복되는가? 그렇다면 이 책에서 하루에 단 1%, 15분만 꾸준히 투자하는 방법을 찾아보라. 성공, 좋은 관계, 건강, 행복 등 개인의 삶 속에서 세웠던 목표를 꾸준함의 힘으로 달성할 수 있을 것이다. 가난했던 한 청년의 가슴 설레는 도전들이 가득 담긴 이 책을 통해 독자들은 작심삼일과 무기력, 자괴감의 늪에서 빠져나와 새로운 인생을 살아갈 강력한 동기를 얻을 것이다.